用无条件的爱陪孩子走过 3 岁叛逆期

好妈妈不吼不叫
应对孩子叛逆期

鲁鹏程◎著

机械工业出版社
CHINA MACHINE PRESS

应对处在 3 岁叛逆期的孩子，远没有想象中那么难，也不是只有吼叫才能制止他们所谓的"叛逆"行为。本书引导父母重新认识孩子的叛逆行为和叛逆心理：什么是 3 岁叛逆期？孩子为什么会经历叛逆期？他们是真的叛逆吗？我们应该了解什么？我们应该怎么做才能帮助孩子更好地成长……本书帮助父母用更理性的爱，而不是情绪化的吼叫来面对孩子的各种叛逆行为，从而达到潜移默化的教育效果。

图书在版编目（CIP）数据

好妈妈不吼不叫应对孩子叛逆期 / 鲁鹏程著. —北京：机械工业出版社，2018.9

ISBN 978-7-111-61038-0

Ⅰ. ①好… Ⅱ. ①鲁… Ⅲ. ①幼儿教育-家庭教育 Ⅳ. ①G781

中国版本图书馆 CIP 数据核字（2018）第 222078 号

机械工业出版社（北京市百万庄大街 22 号 邮政编码 100037）
策划编辑：刘文蕾　　　责任编辑：刘文蕾　廖　莹
责任校对：潘　蕊　　　责任印制：张　博
三河市国英印务有限公司印刷
2019 年 3 月第 1 版第 1 次印刷
169mm×239mm・15 印张・167 千字
标准书号：ISBN 978-7-111-61038-0
定价：49.80 元

凡购本书，如有缺页、倒页、脱页，由本社发行部调换

电话服务　　　　　　　　　　　网络服务
服务咨询热线：010-88361066　　机工官网：www.cmpbook.com
读者购书热线：010-68326294　　机工官博：weibo.com/cmp1952
　　　　　　　010-88379203　　金 书 网：www.golden-book.com
封面无防伪标均为盗版　　　　　教育服务网：www.cmpedu.com

Preface
前　言

当"爱与焦虑"遇上"执拗叛逆"

两三岁，人生的第一个叛逆期到来，孩子开始显现执拗，表现叛逆，对于妈妈的话，他有了"不听"的选项；对于妈妈的要求，他也尝试用"不"来拒绝。

可以说，两三岁是一个微妙的时期，处在这时期的孩子，其自身也是一个矛盾体，一方面他有了自我意识，有了独立追求，想要做到更多的事；另一方面，他却又不能离开妈妈，依旧时时刻刻想要黏着妈妈，想要获得妈妈的关注。

于是，处在这个矛盾状态的孩子，便也随即将妈妈变成了矛盾状态的妈妈。很多妈妈并不能很快适应孩子的改变，爱孩子，因为他还小，生怕他这种执拗叛逆会让他受伤，会让他"长歪"；同时也对孩子的状态很焦虑，他正在长大，怎么突然变得这么不听话？这可怎么办？还怎么对孩子顺利开展教育？

一番手忙脚乱，让很多妈妈没了主意，情急之下，便也只能下意识地选择"路见不平一声吼"，自以为是"该出手时就出手"，却不想这吼叫没能将孩子教育得好，反倒出了很多问题。

因为妈妈的吼叫，孩子的问题没能得到解决，同时又出现了很多新问题；

因为妈妈的吼叫，家庭中的种种矛盾被放大，夫妻关系、与长辈的关系，也会出现更多的矛盾；

因为妈妈的吼叫，妈妈感觉自己的身心越发疲惫，越是吼叫，自己越是痛苦，越是没法直面问题，越是想要让自己发泄，负面情绪如山砸来，家庭生活变得一团糟。

但事情真的有那么糟糕吗？

你有没有意识到孩子的成长到底要经历什么？

你有没有发现自己教育中存在的问题？

你有没有思考过自己的教育方法，也就是吼叫，到底能不能发挥作用？

如果这些问题没有考虑清楚，那么你的焦虑岂不就变成了只是在发泄自己的负面情绪了吗？

或许可以这样说，没有教育不好的孩子，只有暂时还不懂教育的父母。作为与孩子最为亲近的人，妈妈也是孩子的第一任老师，所以理应勇于剖析自我，发现自身问题，成为懂教育的妈妈。实际上，孩子的成长就是妈妈的修行。

两三岁、三四岁孩子的执拗与叛逆，是他成长的必然，而我们的爱，是永远都不能从孩子身上拿走的，至于说焦虑，其实是完全没必要的。所有妈妈都是从有孩子的那一刻开始成为"妈妈"这个角色的，所以你的成长是跟随着孩子的成长一路走下去的，不要觉得自己不是好妈妈，只要敢于剖析自我、发现自我，就能在教育孩子的道路上走得更稳、更远、更轻松。

其实，应对处在幼儿叛逆期的孩子，远没有想象中的那么难，也不是只有吼叫才能制止他们所谓的"叛逆"。我们还需要学习更多的内容：什么是幼儿叛逆期？孩子为什么会经历叛逆期？他是真的叛逆吗？我们应该了解什么？我们可以做到什么……

Preface 前言

　　做妈妈也是一种奇妙的经历与过程，妈妈也要像孩子一样，在成长的过程中不断地摸爬滚打，去发现问题，改正问题。而且，你不仅有妈妈的身份，还有女儿的身份、妻子的身份、朋友的身份，更有一个最基本的身份——女性，所以不能只将自己局限在"妈妈"这个身份里无法自拔。只有不断完善自我，不断丰富自我，才能平衡好这些身份，而当你活出精彩自我的时候，也会发现，做一个好妈妈其实并不难，至少不需要用吼叫来应对所有问题。

　　所以，虽然孩子开始执拗与叛逆，但只要全身心付出爱，只要不再盲目且没完没了地焦虑，总能找到让生活快乐起来的好办法。

Contents

目　录

前言　当"爱与焦虑"遇上"执拗叛逆"

第一部分　吼叫出现
——孩子叛逆期来了，妈妈的吼叫随之而到

两三岁的孩子，步入了人生第一个叛逆期。家中原有的生活秩序随即也被打乱，很多妈妈一开始也许还能忍受这种情况，并尝试去纠正，但很快便会发现，这时孩子的叛逆真是让人感到焦躁不安。于是妈妈们也就从可以接受变为勉强忍耐，直到最终忍无可忍，吼叫爆发。

第一章　真是个吵闹无比的家！// 003

孩子进入叛逆期之后，改变的不仅仅是他一个人，他就像是一个导火索，将家中各处都燃起来，引爆一个又一个"炸点"。而这些"炸点"就是家里的妈妈、爸爸以及与孩子相关的其他人。面对孩子的叛逆表现，最先压不住火的往往都是妈妈，妈妈的吼叫模式一旦被开启，那整个家都将变得吵闹无比。

01　你的孩子两三岁吗？——恭喜你，孩子正在长大 // 003
02　当孩子变得无理与无礼——"不讲理"就对了 // 006
03　任何情况下都能开启吼叫模式——温和坚定胜过大吼大叫 // 009
04　延伸至全家的吼叫——调整、接纳、缓释…… // 012
05　被愤怒牵连的孩子——孩子的未来，就藏在妈妈的情绪里 // 015

第二章　再认识一下叛逆期吧！// 019

两三岁的孩子进入人生第一个叛逆期，开始变得执拗不讲理；妈妈忍无可忍，不得不吼叫应对。虽然通过以往的学习了解，我们也能意识到孩子进入了叛逆期，但我们之所以会吼叫，其实还是对这个时期的了解并不深刻。所以，在想办法应对之前，还是再来好好认识一下这个叛逆期吧！

06 妈妈眼中的"叛逆幼儿"——孩子真的无意去"对抗" // 019

07 按时吃饭睡觉太困难了——用对方法，孩子乖乖配合 // 023

08 在家折腾，出门抱抱——发现孩子的安全感与被爱需求 // 026

09 孩子的"不听话与对着干"——成长，是一件令人惊喜的事 // 029

10 总是愤怒哭闹的两三岁——没有无缘无故的表象 // 032

11 幼儿的种种执拗行为——认清孩子的成长特点 // 036

12 幼儿叛逆期孩子的心理——自然成长，再正常不过 // 040

13 "3岁看大"的道理——关键的头三年，做好铸基教育 // 044

第三章 越发压不住火的妈妈！// 048

叛逆期的孩子总有各种让人意想不到的言行，除非是非常理智的妈妈，很少有妈妈能耐得住性子去应对。家有3岁孩童，会时常响起妈妈的吼叫声，这在很多家庭中都非常常见。不仅如此，很多妈妈的吼叫还会不断升级，也就意味着妈妈越发压不住火，似乎只要遇到与叛逆期孩子有关的事情，妈妈就会立刻爆发怒火。

14 妈妈"发疯"了——不做孩子眼中"丑陋的妈妈" // 048

15 吼叫的底线不断压低——把控好生活的节奏，安定心神 // 051

16 明知不可为而为的吼叫——请先于孩子一步作出改变 // 054

17 吼叫与悔意的无限循环——必须要破掉的死结 // 057

18 所谓的"爱的名义"——为孩子付出那么多，他为何却无感？// 060

第二部分　吼叫原因
——孩子的需求变化，妈妈的心理变化

处于幼儿叛逆期的孩子，他的需求比之前会有一个飞跃式的增长。而随着他开始上幼儿园，很多妈妈的生活也恢复到之前的工作模式，这期间的种种琐事也会成为妈妈烦恼的源头。一方面孩子需求得不到满足，另一方面妈妈内心因琐事多变、变多而烦躁。如此综合下来，妈妈的吼叫原因也算是有迹可循了。

第四章　孩子的强烈需求与妈妈的不能满足 // 065

婴幼儿时期，孩子的需求大部分出自于生存需求，小部分是他对自身、对世界的认知需求。但到了3岁以后，随着孩子自我意识的不断提升，随着所学事物的不断丰富，随着所接触到的人越来越多，他开始有更多的成长需求。如果妈妈不能满足他的这些需求，那么他的成长会变得烦躁并难以前行。

19　3岁孩子有更多的成长需求——所有的"故意捣乱"都事出有因 // 065

20　孩子独立需求 VS 妈妈不能放手——适度顺应而非阻止，皆大欢喜 // 068

21　孩子自主意识 VS 妈妈有意干涉——接纳改变，就会少很多吼叫 // 072

22　孩子期望交友 VS 妈妈盲目干预——"指导"太多，适得其反 // 074

23　孩子渴求情感 VS 妈妈说"你长大了"——给予温暖的爱，别"欠债" // 078

24　孩子活力四射 VS 妈妈无力应对——越制止、拒绝，闹得就越欢 // 082

第五章　家庭及其他因素对妈妈心理的影响 // 086

"要不是因为孩子，谁愿意吼叫"，这是很多妈妈对自己吼叫的一个解释，认为孩子才是导致吼叫的最主要原因。可实际上，你的生活里并不只有孩子，你的吼叫只是源自于你自己心理的变化，而这个变化却并不全因孩子带来。家庭因素、工作因素、人际因素等很多因素，都可能对你的心理造成影响，进而引发吼叫。

25 你的吼叫不一定是因为孩子——必须直面的事实 // 086

26 家庭矛盾影响你的理智——要努力规避的三大矛盾 // 089

27 原生家庭遗留的吼叫"传统"——走出阴影,不再"继承" // 091

28 你的身体出问题了吗? ——生理问题与病理变化 // 095

29 你糟糕的处事能力与人际关系——别让孩子成为无辜的"受气包" // 098

第三部分　不吼不叫
——孩子状况不断,妈妈巧妙应对

孩子的很多表现不能简单地被归结为错误,任何训斥、吼叫、责骂、打压、控制等都是不妥当的,这相当于是对孩子成长变化的一种变相的阻碍。作为成年人,我们必须表现得成熟一些,理性一些,智慧一些,以最快的速度调整自己的状态,才能做到不吼不叫,巧妙应对。

第六章　不以评判的眼光看待孩子 // 105

对于孩子的成长变化,很多成年人都在自己的内心提前设定好一个又一个的评判标准,然后直接拿来与孩子进行比对。如果孩子没有达到这个标准,便觉得他犯了错误,是需要被纠正教育的。但是,这种仅出自于成年人的个人感觉,却可能违背孩子的自然成长,因此而来的吼叫也是无效的。所以,如何正确看待孩子,也是一门精深的学问。

30 孩子有内在的成长规律——带着敬畏心,体悟孩子的成长 // 105

31 不违原则,放开限制——解放孩子的手脚与心灵 // 108

32 先有尊重,再提规则——孩子的认同感越强就越合作 // 111

33 有了爱才能培养好习惯——换种表达方式,孩子更喜欢 // 114

34 不强求与期待孩子的改变——设法舒展孩子的身心 // 117

35 重视家庭的能量场——或正或负,决定权掌握在你手中 // 120

第七章　用理智的头脑与孩子沟通 //124

为什么能冲孩子吼起来？其实与我们难以在理性状态下与他沟通也有很大关系。情绪上来了，我们的头脑被怒气冲昏，至于能说出什么也就不是理智所能掌控的了。于是在不理智的头脑引领之下，再去与孩子对话，我们看到的便全是孩子的问题了。所以，要想沟通，还是需要保持理智的头脑。

36　给予孩子正面的回应——孩子就爱吃糖，看你怎么说 //124
37　确认并理解孩子的感受——不试图以"安慰"去否定孩子的情绪 //127
38　学会合理地拒绝孩子——看似无理取闹的孩子，实际最好协商 //130
39　不指责，不抱怨——你喘了口气，孩子也会跟着放松下来 //133
40　做一个诚实的妈妈——因为你不是神，所以你可以做不到完美 //136
41　建立正向的家庭秩序——不要让你的情感错位 //138

第八章　妈妈和孩子的情绪都需要管理 //142

正常的人都会有情绪，好情绪与坏情绪也总是在我们的生活中交织出现，但并不是所有人都能很好地处理这些情绪。有些妈妈总是会被自己的情绪牵着走，不仅扰乱了自己的生活，而且顺带着牵连了孩子，孩子学不到正确处理情绪的方法，家中弥漫的紧张气氛也会与日俱增。所以说，无论是妈妈还是孩子，都需要学着管理自己的情绪。

42　孩子的负面情绪并非胡闹——通过孩子哭闹的信号，反思自己 //142
43　管一管你的吼叫习惯——不断导正意识，勇于自我剖析 //144
44　你给孩子做了个坏榜样——不要让你的情绪任性地"放飞自我" //147
45　别让高标准压垮自己和孩子——人家的孩子真的那么美好？ //149
46　培养情绪自我感知能力——抓住四点，你也能"预报"情绪 //153
47　教孩子学会正确处理情绪——做自己情绪的 CEO //156

第四部分 摆脱吼叫
——孩子在成长，妈妈也要成长

孩子的成长是自然发展规律，是顺应天性而发展；妈妈的成长则是对自我的一种调整，是为了能更好地发展自我，提升自己做妈妈的本领，并有能力胜任对孩子的教育而必须进行的一场自我奋斗。摆脱吼叫，才能成为一个有智慧的妈妈，既能为孩子的成长助力，也能让自己的成长更适应并满足孩子的需求。

第九章 跟上孩子成长的脚步 //163

很多妈妈的成长是被动的，孩子成长了才不得不让自己有所改变；也有很多妈妈是拒绝成长的，总认为自己的教育方式和教育方向没有问题，出了问题都是孩子的错。这两种妈妈在育儿过程中都会遇到问题，也都不能顺利解决问题。只有主动成长，主动去调整自己的教育理念、方式与方法，顺应孩子的成长特点去开展教育，才更适合孩子。

48 两三岁有独特的年龄特点——那些不可错过的成长秘密 //163

49 了解孩子的社会活动——让自己的内心不再"翻腾" //167

50 揠苗助长，还是"压苗阻长"？——你所有的"任性"对孩子都是伤害 //171

51 别人说的和别人家的孩子——教育孩子，应慎用"拿来主义" //173

52 你的功利心要不得——功利的教育比不教育更可怕 //176

53 3岁孩子的"玩世界"——不扼杀，不放任，善引导…… //180

第十章 提升处理家庭及其他问题的智慧 //183

很多时候，一些妈妈的吼叫并不一定是源自于孩子的问题。事实上，正是因为生活中总会遇到问题，而这些妈妈对问题的处理方式又没那么有效，这才导致她们情绪的崩溃，进而吼叫不断。所以，教育孩子的同时，也要提升自身处理家庭及其他问题的智慧，解决掉周遭的问题，情绪平和下来，再去面对孩子，自然也就不会那么急躁了。

54　请先处理好夫妻关系——送给孩子的最好的人生礼物 // 183

55　融洽家中所有参与教育的人——做最好的"中间人""协调者" // 187

56　关注孩子以外的生活——示范一种积极向上的生活态度 // 191

57　孩子不是你的"出气筒"——善于处理自己的情绪垃圾 // 194

58　做个不斤斤计较的妈妈——你心宽了，孩子也就从头到脚都舒服了 // 197

59　完善个人品德——为他人着想是天下第一等的学问 // 200

第十一章　接纳自己，成为更好的自己 // 204

很多妈妈的烦躁是有诸多原因的，但实际上这些烦躁却也有一个根本的来源，那就是对自己的不满意。你眼中孩子的种种表现似乎都不太好，其实这也是你并不满意于自己对他施以教育的表现。可是，没有人是完美的，与其总对自己不满意，不如接纳自身的优缺点，尤其是缺点，然后努力，成为更好的自己。到那时，不仅会摆脱负面情绪，很多问题也能因为理智而找到最终的正确答案。

60　你就是你，是不完美的自己——因为悦纳自我，所以快乐叠加 // 204

61　千万不要止步不前——"新"起来，你不吃亏，孩子更受益 // 207

62　读书是提升自我的捷径——你读书，孩子可能就不叛逆 // 211

63　看万里风景，识更多良人——给自己和孩子一个不一样的世界 // 215

64　你并非行星，而是一颗恒星——成为爱的发光体，照亮孩子 // 218

65　意识到问题就是进步——凡事有预，虽未必都成，但也不易废 // 221

66　活在当下，适用于整个家庭——你的地盘，真的是你做主 // 224

第一部分　吼叫出现
——孩子叛逆期来了，妈妈的吼叫随之而到

01

两三岁的孩子，步入了人生第一个叛逆期。家中原有的生活秩序随即也被打乱，很多妈妈一开始也许还能忍受这种情况，并尝试去纠正，但很快便会发现，这时孩子的叛逆真是让人感到焦躁不安。于是妈妈们也就从可以接受变为勉强忍耐，直到最终忍无可忍，吼叫爆发。

这并非个例，而是一个普遍现象，伴随着幼儿的叛逆期，很多妈妈就会忽然觉得教子无力，纷纷点亮吼叫"技能"，借助吼叫来表达内心的不满，并试图利用吼叫来震慑那个忽然就不听话了的孩子。自此，诸多家庭之中，宁日渐少。

第一章
真是个吵闹无比的家！

孩子进入叛逆期之后，改变的不仅仅是他一个人，他就像是一个导火索，将家中各处都燃起来，引爆一个又一个"炸点"。而这些"炸点"就是家里的妈妈、爸爸以及与孩子相关的其他人。面对孩子的叛逆表现，最先压不住火的往往都是妈妈，妈妈的吼叫模式一旦被开启，那整个家都将变得吵闹无比。

01　你的孩子两三岁吗？
——恭喜你，孩子正在长大

你的孩子两三岁吗？

如果是的话，你现在对他的感觉，与之前相比有什么变化吗？

相信你一定也注意到了，以前的孩子在你眼中是"无比可爱"的，因为他会听你的话，按照你说的去做，表现出各种你希望他表现出来的样子，尤其是你说"不行"的时候，他会乖乖地接受。

但是，当孩子到了两三岁时，却会像是突然变了一个人。

有人曾经发出过这样的感慨："都说孩子七八岁的时候才不好管，可家里那个才不过两三岁的孩子，就已经让人感觉抓狂了。"

为什么这样说？就是因为两三岁的孩子都会步入人生的第一个叛逆期，此时孩子的表现与他前两年那种乖巧可爱大相径庭。

他会变得固执，对自己想要的东西和想做的事情很坚持，一言不合就会反抗；他此时最常表达的内容就是"不"，对于你所说的绝大部分事情，他都会表示否定；他也会变得很能耍赖，动不动就采取"眼泪杀"策略，一番哭闹却又让人不明原因，有的孩子则会一天哭上好几次；他还会说出很多让人感觉不舒服的话，比如脏话、诅咒之类的话会不时从他口中冒出来；就算原本很正常的吃饭睡觉，在这时期的孩子身上也会变得困难起来……

很多妈妈会感觉，自己努力了那么久，经历了备孕，经历了前两年的从生疏到熟练的照顾孩子的过程，眼看着就要步入正常期了，孩子却突然来了这么一个大转变，这着实让人有些焦躁。就好像一条坦途，原本以为一路走下去就没问题了，却突然出现了一个大障碍，不翻过去就不可能继续走下去。

面对这样的情况，不是所有的妈妈都能保证用理智来应对突变的，就算曾经了解过孩子可能会出现的变化，但真到了实际操作时，也会因为种种自己意想不到的状况而感到无力。如此一来，情绪自然也就随之低落，直到无法忍受，大吼一声，既是震慑那"顽劣"的孩子，也是纾解自己内心的烦躁。

你是不是也是如此呢？

刚出生时，孩子带给你新生命降临的喜悦；慢慢地他成长到一两岁，看他逐渐学会越来越多的事，这会让你感到欣慰；但到了两三岁，孩子的画风却突变了，不像从前那般对你言听计从，且经常想着要自己去做点什么，当这个属于你的孩子却不能为你所左右的时候，你自然会觉得烦恼随之增加。所以从个人情感上来说，因为孩子的这种突变而烦躁气急之下的吼叫，也算是一种情绪的发泄，这也可以

第一章
真是个吵闹无比的家!

理解。

有的妈妈有时急躁起来就会说:"看看人家的孩子,都那么听话。"

这话是不妥当的,如果没有特殊情况,绝大多数的孩子在3岁左右时都会进入第一个叛逆期——幼儿叛逆期,只不过有的孩子出现得早一些(比如一岁半),有的孩子出现得晚一些罢了(比如三岁多)。这是孩子成长过程中必然出现的一个过程,想要阻止它的发生发展是不可能的,那就要看我们如何让孩子正常度过这一时期,更要看我们自己如何理智应对这个时期了。

如前所说,靠吼叫来发泄情绪,这是可以暂时获得理解的行为,但并不意味着这种行为是值得提倡的。对待处在叛逆期的孩子,你的吼叫对他来说就是在与他进行对抗,硬碰硬地去解决问题,你不会实现你想要的,他也得不到正确的指示。结果只能是你越来越烦躁,他越发不服从你的管束,若是你依然不知道回避吼叫选择理智,那么你就会陷入一个死循环。

成为一个有智慧的妈妈,不是说不能发脾气,而是应该有一个想要有所改变的意识,发过脾气之后,当你发现自己的吼叫不管用之后,就要开始反思,开始学习,想办法让自己摆脱因吼叫而来的死循环,选择让自己和孩子都能顺心的教育方式,解决孩子问题的同时,也解决自己的情绪问题。

家有两三岁的孩子,这个阶段虽然也会让人焦躁,却也并不是难熬的时期。叛逆期的到来,也意味着孩子的成长,只要你能控制情绪,让自己变得理性,懂得学习,善于运用智慧,你就会发现叛逆期的孩子真的很可爱,你越是理解他,适度地顺应他,他就越有惊喜给你。在这个叛逆期过去之后,你会发现自己跟孩子又成长了很多。

所以,你期待吗?

你的两三岁的"叛逆娃",其实依旧还是在你的掌控之下的,你依然是那个引导他的重要的人,他也依旧对你无比依赖。别烦躁,别着急,别吼叫,多了解孩子,多提升自我,假以时日,你会发现,你和孩子已经平安快乐地度过了这个纠结的叛逆期,你与他也都获得了宝贵的成长经历。

02 当孩子变得无理与无礼
—— "不讲理"就对了

两三岁的孩子之所以让人觉得烦躁,原因取决于其两方面的特征:无理,无礼。

无理,是指这时候的孩子非常"不讲理",更希望我行我素。但他的想法在很多妈妈看来并不合理,甚至是任性的、胡闹的,所以就不会答应他。可一旦遭遇妈妈的拒绝,孩子可能就会哭闹,甚至会选择撒泼打滚的方式来表达自己的不满。

"妈妈,我要看动画片。"孩子说。

妈妈一边摆桌子一边说:"马上要吃饭了,吃完饭再看。"

孩子立刻反驳:"不!我就要现在看。"

妈妈好脾气地说:"没说不让你看,只不过是吃完饭再看,先吃饭。"

"我不!"孩子开始跺脚,红了眼圈,带着哭声说,"我就要现在看。"

第一章
真是个吵闹无比的家!

妈妈声音严肃了一些:"不行!先吃饭!"

"我不吃饭!"孩子彻底哭了出来,并拿着遥控器不停地戳妈妈的腿,还在地上使劲跺了两脚。妈妈的火气就这样一点点被拱了起来……

无理的孩子只坚信自己的道理是正确的,一切不能随着他的心愿发展的事情,都是错误的,妈妈对他的拒绝,则让他的叛逆心越发坚定。压不住火气的妈妈,会觉得不能在这样一件原本可以正常发展的事情上浪费时间,于是吼叫也就无法避免了。

对于很多妈妈来说,孩子无理取闹,还可以用"孩子还小不懂事"这样的理由勉强让自己接受,但叛逆期孩子的无礼,会让妈妈感到更为头疼了。

可能两岁时,孩子就学会了与外人打招呼,知道要好好与妈妈回话;但到了三岁左右的时候,他原本有的这些礼貌却全都暂时消失了。出门就是不与人打招呼,怎么说都不管用;在家也不好好回应家人的话,妈妈着急起来,他反而可能先委屈地掉眼泪。更让妈妈感到生气的,就是此时他开始了满口的污言:"我讨厌你""我要把你丢出去""我是一个屎""你是大臭屁"……尤其是有女儿的家庭,面对可爱小姑娘张口闭口如此难听的话,很多妈妈也是非常难受的。

玩着积木的女儿忽然放了一个屁,然后她自己咯咯笑了起来,先是跑到妈妈面前,扭着屁股问:"臭吗?"妈妈无奈地点头笑:"臭,好臭。"

女儿笑得开心,却突然大声笑着说:"我就是个大臭屁,你就是个大臭屁,哈哈哈……"

妈妈一愣,皱了皱眉。

女儿看见她的表情,笑得更大声了,不断重复着她新决定的"角色扮演",妈妈忍着,但眉头却越皱越紧,她觉得作为一个女孩来说,讲出这样的话真是太无礼了。

如果孩子言语粗俗,妈妈一般都会不能忍受,但叛逆期的孩子却偏具有这样的特点,原本无理取闹就已经够让人不舒服了,再加上言语粗鲁,妈妈的好脾气自然也就更快地被磨光了。

对于这样的两种特征,很多妈妈并不能接纳,采取了一些硬碰硬的应对方式。比如,孩子不讲道理,可妈妈却偏要给他讲道理,不仅如此,还一声要比一声高,吼叫着喊出道理来;孩子总是说脏话,妈妈就一遍又一遍地训斥,反复强调说脏话是不对的。但叛逆期的孩子对这样的训斥劝阻,往往并不会真的听从。

有的妈妈可能会说:"我不希望他多么成名耀眼,但至少也要讲理听话吧,才3岁就这样,以后可怎么办?"

有的妈妈可能又会说:"我真希望他能学有所成,可孩子3岁就知道撒泼打滚、满嘴脏话了,这哪儿还学得了好呀?"

其实还是你太焦虑了,你只注意到了你的希望,你只看到了你对孩子未来的设想,这一切都是你认为的,但你却忽略了孩子成长的规律与特点。

也许你之前也通过学习了解到了孩子会经历这样的一个叛逆期,但那只是书中的描述,即便你想到了应对的策略也只是你的预想。孩子永远不会按照你所认为的常理来出牌,所以你更应该关注的是孩子自身成长的过程。

在叛逆期,他的无理只是他对独立的追求,他的无礼也是他某种敏感期的发生、发展,如前面提到的说脏话就属于语言敏感期的诅咒敏感期。

对于孩子的这两大最能惹你生气的表现,你应该做好心理准备,不是针对书上说的那些内容有准备，而是要对孩子的成长有准备。你要准备好迎接他的改变，要让他能顺其自然地度过这一段时期。

孩子不会永远如此无理与无礼的。不要觉得3岁多的孩子居然有如此表现，那以后他就是坏孩子了，就是品行恶劣的孩子了。不要过早地给孩子下定论，要相信自己总能想到更好的方法来疏导。

叛逆期是绝大多数孩子都逃不过去的一个过程，既然如此，何必浪费你的精力、体力、心力在吼叫之上呢？你完全可以选择更让你感到轻松，也能让孩子感到愉快的方式来解决眼下的问题，换个方式，找对方法，你和孩子都会过得更轻松。

03 任何情况下都能开启吼叫模式

——温和坚定胜过大吼大叫

处于幼儿叛逆期的孩子是随时随地都可能表现出他的叛逆的，那些无法忍受而又无计可施的妈妈，自然也会在任何情况下都能开启吼叫模式，只希望孩子能恢复到自己能接受的样子。

于是不仅仅是家庭中会传出吼叫之声，我们在路上、在公共交通工具中、在饭店、在超市、在候车大厅、在公园……几乎都能听到一些妈妈的吼叫，而被吼对象也往往都是两三岁、三四岁叛逆期的孩子。

一位妈妈就讲："我也不想总吼孩子，可他真是无时无刻不在挑战我的底线。出门让他拉着我的手走，他直接拒绝，跑到马路中间去了,我不吼行吗?去超市我说不给买玩具,他立刻大哭大喊,周围人看着丢人死了,我不吼行吗?看见人也不说话,没走几步就非要让抱着,一不留神张嘴就喊'我讨厌你''你个大臭屁',这要是还不吼,我觉得我都要崩溃了。以前那个小小的、软软的、乖乖的孩子,怎么说变就变了呢?"

当孩子进入人生第一叛逆期时,很多妈妈的一大特点就是"在任何情况下都能吼叫"。孩子随时随地都会变得无理与无礼,妈妈自然也就跟随孩子的状态情绪起伏。

这种情况的发生,与有些妈妈的准备不足不无关系。这里所说的"准备",并不是说你之前看过育儿书、了解叛逆期、学过应对方法这样的表现,而是你的心理表现。

有的妈妈把幼儿时期第一个叛逆期看成是"3岁固定模式",认为孩子只有到了3岁才会开始叛逆,所以孩子3岁以前时,妈妈会相当放松,压根儿不考虑这个问题,结果孩子与孩子之间存在差异性,可能两岁的时候,叛逆期就来了,妈妈准备不足,措手不及;但若是过了3岁叛逆期还没来,妈妈也同样担心,每天疑神疑鬼,总怀疑自己的孩子是不是出了问题。

还有的妈妈则是对幼儿的叛逆期如临大敌,并不是多思考应该怎么应对,而是总在想"孩子叛逆了我怎么办""我做不到好好教育怎么办""这会儿我都教育不好了,以后可怎么办"……过度思考与紧张,也让妈妈无法安心专注地去应对孩子的叛逆。而且,一旦遇到自己的应对方式不起作用的时候,她会更加焦虑,更加不知所措。

也有的妈妈过于自信,认为一个不过两三岁的孩子,叛逆也到不了哪里去,所以在教育方面也就不甚在意,总想着"船到桥头自然

第一章
真是个吵闹无比的家！

直"，结果大意轻敌之下，遭遇了孩子完全无常理的叛逆期袭击，束手无策，焦头烂额。

不管哪一种，都让妈妈时刻处在一种被孩子"震惊"的境况之下，若是再不能理智控制自己的情绪，当然就会随时随地都在对着孩子吼叫了。尤其是出门在外的时候，孩子执拗的劲头上来，无理取闹，讲难听的话，妈妈终归会觉得脸上无光，唯有大吼一声才算解气。

一家子外出，孩子刚走出没十几米远，妈妈忽然听见她开始抽泣，便问她怎么了。可孩子坚决不开口，眼泪却啪嗒啪嗒地掉……

妈妈越问她越不说，而妈妈每一次询问的声音也渐渐提高了，直至最后她吼道："出去玩你哭什么啊？烦死了！走，回家，再也不带你出来了。"听见这话，孩子"哇"的一声大哭起来，拽着妈妈一个劲儿说："不要，我不要。"

这时，爸爸在一旁对妈妈很平静地说了一句："她害怕你这个样子，你越是这样她不是越哭得厉害吗？"

妈妈一愣，先是深吸了一口气，平静了一下自己的情绪，然后蹲下来，给孩子擦了擦眼泪，尽量平静地问道："你想做什么？"

孩子抽泣了两下，小声说："要抱抱。"

先不去考虑这之后的发展，仅就这样一个小小的场景，你是不是也有所感触呢？这位爸爸的那句话，有没有点醒你？你看，越是吼叫，硬碰硬地对待，孩子越会选择拒绝。叛逆的孩子，正在选择用否定、作对来追求和尝试自己的独立，但与此同时，他更需要的却是妈妈的温柔，所以就看你是不是有耐心，是不是有智慧了。

由此可见，你随时随地都能开启的吼叫，并不是不可避免的，你对孩子叛逆期的应对决定了孩子叛逆期的发展方向和发展速度，越是理智，越是不放弃温柔，你反而越能更轻松地应对这个恼人的时期。坚信一点，温和坚定胜过大吼大叫，于孩子于自己，道理都一样。

而且，孩子也并非总是在制造问题，他也有令我们感到开心的时刻，难道只因为他一时的表现，就否定他的可爱吗？所以从亲情方面来说，你也要有规避吼叫的意识，约束一下自己这种"任何情况下都能开启的吼叫"，让自己逐渐成为一个可以应对各种问题的有智慧的妈妈。

04 延伸至全家的吼叫
——调整、接纳、缓释……

吼叫是一种很容易被扩散的行为，或者说，愤怒的情绪一旦爆发，那么周围很多原本看上去是正常的事情，也将变得毫无正确性可言。所以有的妈妈的吼叫并不是只在训斥孩子，而是一种情感的发泄，孩子的叛逆期表现只是一个导火索，由此而引发吼叫，接着整个家庭都会被这种负面情绪牵连进去。

比如，一位妈妈的吼叫是这样展开的：

周末早上，孩子并不愿意好好吃饭，只想看动画片。妈妈说了几次"过来吃饭"依然被孩子拒绝之后，终于发怒了。她吼着孩子："不好好吃饭是要饿死吗？早饭不吃，以后哪顿饭都别吃了！饿着！

第一章
真是个吵闹无比的家！

不好好吃饭还看动画片，今后一眼都不让你看！"

妈妈气呼呼地坐到了餐桌旁，看到爸爸一旁坐着，忽然就来了怒气："你也是，他不过来吃饭，你都不管他吗？就看着他这么气我？一点你都不帮我？这个家真是没法过了！"

接着，电话打进来，妈妈和自己的母亲没说两三句话，话语中就带入了不耐烦、愤怒的语气，和自己的母亲还顶撞了几句，电话也讲得不痛快。于是，一个原本可以充满快乐的周末，就以这样一种全家都愤怒不开心的方式开始了。

看似是由孩子的问题导致了以后的事件，但不得不说，妈妈对全局的掌控能力也有待提升。只是因为孩子的小问题便给全家都带来一场"暴风雨"，这也需要好好反思一下了。

很多妈妈总是将孩子看成是家中一切问题的来源，但是每个问题都有其两面性，换一个角度去看的话，就会有不同的感受，换一种方式来处理，很多事也并不是无解的。

就像对待这个坚决不吃早饭而非要看动画片的孩子，妈妈选择用阻止来应对，那是肯定会得到他的反抗的，因为叛逆期的孩子本身就是"不讲理"的。这种反抗一旦持续的时间长一点，妈妈的情绪再无法自控，那么负面情绪瞬间就会占据妈妈大脑的主动权，妈妈自然在这之后看见什么事都觉得不顺眼了。

但换一种角度看问题，可能就会发现孩子也许真的不饿，或者说他此时的心思真的并不在吃饭之上，强硬要求他做一件事对他来说是痛苦的，尤其是不想吃还非要吃东西，换成是你，你是不是也很不舒服呢？

那倒不如去跟他确认一下，问问他"你是不是真的不饿"。回答若是肯定的，那就暂时放任他一下，顺势跟他约定好，"允许你看一集动画片，看完我们再来吃饭"。如此一来，孩子的需求得到了满足，你那"希望孩子吃饭"的需求不过是被延后了十几分钟再满足而已，皆大欢喜。就算他其实也很饿了，但当前情况下，他想要看动画片的意愿远大于吃饭的意愿，也是可以如上所说，和他作一个约定，既满足他的愿望，也没有违背你的要求。

生活的确需要规矩，但远没有到一分一秒毫厘不差的地步，可适时而动，随时而变。除非是孝悌友善、长幼有序、尊师重道、诚信谦和等这样的做人原则，其他的规矩都不是死板的，是要随着当时情况来决定的。

孩子是在成长中一点一点养成好习惯的，并非靠我们的一两次吼叫形成的。现在的孩子不过两三岁，正处在培养习惯的过程中，只有不强硬地要求他，他才不会对好习惯形成误解；否则他会因为总被你逼迫，而误以为"好习惯会让我感觉不舒服"，从而心生抗拒。所以这时候不能着急，无伤大雅的前提下，顺从并不是不可以的。

当孩子的问题解决之后，就要看看我们自己的情绪问题了。若是因为孩子的问题而吼叫，进而又将吼叫蔓延至整个家庭时，我们就不能为此再抱怨孩子了。恰恰是我们对自己情绪的掌控无力，才是造成后续局面的重要原因。如果再挖得深一点，我们对孩子那恶劣的态度，也正是自己无法控制自我情绪所导致的。

不仅如此，凡是能引发我们自己对全家人都有不满的情况，这也意味着我们与家人之间的关系也存在问题，不一定都是我们自己的问题，所以也需要我们与全家人一起好好沟通交流，好好面对。

所以综合来看，当你一开始只是对孩子吼叫，但很快发展成对全家的吼叫时，就要考虑家庭中的所有影响因素了。你要考虑一下，自己都遇到了哪些问题，比如是不是压力巨大，夫妻关系中是不是存在什么矛盾，与长辈之间有没有沟通障碍或认知障碍，自己在工作上出了什么状况，人际关系有没有出问题……也就是说，这时候的你其实是一个综合矛盾体，孩子的叛逆期只是当前你最关心的事情，但实际上你身上的问题已经越积越多，孩子的叛逆期表现不过是压垮你的"最后一根稻草"。

你一定不希望这样的吼叫再在家中继续蔓延下去吧？那么调整自我，接纳孩子、接纳自己、接纳家庭，然后缓释心情，活出正常的、健康的、快乐的自己，才是此时你应该继续做的。

05 被愤怒牵连的孩子
——孩子的未来，就藏在妈妈的情绪里

你有没有遇到过这样的情况？因为某些事情自己感到烦躁无比，也许是与家人闹了矛盾，也许对某件事没有处理好，也许是遇到了麻烦难题，总之在自己正郁闷的时候，孩子闯了过来，恰好他也展现出了叛逆期中让你倍感不爽的"抗拒"，于是你的愤怒很容易就波及孩子身上。

但从人格与地位上来说，家里的人与我们是平等的，外面的人与我们也是没有直接关联的，但唯独孩子，与众不同。你是不是在某些时候也曾经这样想过，"他是我生出来的，他属于我"，这种自私的想法会让你不自觉地将这个全身心依赖你的孩子当成发泄的对象，而你也会很肯定地认为,"孩子是我的,我怎么说他,都不为过",而这时候不过两三岁的孩子,也并不懂得如何做到真正的反抗。

结果在这样的思想之下,你毫无顾忌地将孩子当成了自己所有情绪的发泄口,之前你所积累的愤怒,便借着"叛逆期"这个由头,全对着孩子爆发了。而这样的吼叫,往往最容易让孩子感到困惑,因为他相当于遭受到了无妄之灾。

一位妈妈的电脑出了问题,工作文件全在里面,一旦丢失找不回来,对妈妈来说就是巨大的损失。一时间妈妈心急火燎,四处找人咨询,想要解决问题。

可偏偏这时候,3岁半的孩子跑了过来,不断地问妈妈:"怎么了?妈妈怎么了?你电脑坏了吗?让我看看,让我看看啊,妈妈你让我看看嘛!"

妈妈烦躁地推开孩子:"你走开,妈妈电脑坏了,很忙。"

可孩子执拗的劲头偏在这时候上来了:"我不,我就要看看,妈妈你电脑怎么坏了啊?"

原本焦躁的妈妈终于忍耐不住了,大吼一声:"你给我走开!我烦死了!电脑坏了,还得哄你吗?走开走开!再不走就打你屁股了!"

一边说,妈妈一边把孩子推搡到了一边,然后自己继续纠结。被吼了一顿的孩子,看着妈妈抓狂可怕的样子,也没敢再过来,只是默默地待在一边,满眼"渴望"地看着妈妈……

就是这样的情况,你正着急,或者正烦躁着孩子偏要跑过来,分走你本来想要集中的心思,让你烦乱的思绪变得更加混乱。有的妈妈会说了,如果他不过来,我才不会吼他呢。但实际上,就算孩子这时

第一章
真是个吵闹无比的家！

候没过来，只要你的问题还没有解决，在你看见他的时候，总会因为他的某个表现而爆发吼叫，这是你的情绪在无意识的情况下，自动向你心中的"弱者"所发出来的释放情绪的指令。

与前面因为孩子而牵连全家的吼叫一样，我们因为自己的事情而牵连孩子，对他吼叫，怒斥他的不好，也是我们自己无法好好掌控自我情绪的表现。

而从孩子的角度来看，原本发火中的妈妈就已经很可怕了，这火力再突然转向自己，这对孩子的内心也会是不小的冲击。虽然孩子处在叛逆期，会经常性地与妈妈对着干，可是他对妈妈的依赖依然是最大的，如果妈妈总是处在怒火之中，孩子也会变得焦躁起来，反而更容易出现叛逆的行为。

作为成年人，就要有成年人思考和处理问题的方法。吼叫只能用来发泄情绪，而且还是最伤人的一种方式，至于说解决问题，基本上是不可能的。所以就如前一节提到，先解决了孩子的问题，然后避免更多牵连一样，你也要全力应对自己的问题，以避免将自己的怒火烧到孩子身上。

当然关于情绪的处理也是需要我们付出足够努力的，至少不能成为那种一点就着的性格。有耐心，有理性，遇事可以有一些情绪，但要尽量让这些情绪快点过去，要让头脑迅速冷静下来。你冷静且理性处理问题的样子，会被孩子看在眼里，成为他日后解决问题的榜样。

另外，有的妈妈可能会这样想："孩子应该有眼色，看见妈妈不高兴了还非得凑过来，是不是傻。"孩子本性好奇，所以对发生在他周围的任何事情都会感兴趣，尤其是妈妈那里出了点什么事，尽管什么都不懂，但他也是一定要过来围观的，而且他也希望从你口中听到你对事情的解说，因为这些事情是他没有见过的、没有遇到过的，受好奇心所驱使才那样做的。

同样的，你也不要低估三四岁孩子对你的兴趣，妈妈的一切对于他来说都是亲切的。这个年龄阶段的孩子会和妈妈非常亲密，所以他会贴近你，一方面是满足自己的好奇心，一方面也是他对你的关心。孩子都喜欢温柔快乐的妈妈，看到你的怒火、烦躁、愤怒，他也会伤心难过，他希望你能好过一些。

还有非常重要的一点，你可能没有意识到，是什么？一句话——孩子的未来，就藏在妈妈的情绪里。妈妈的情绪，决定孩子的未来。

如此可见，不管是从理性还是情感上来说，你是不是都没有理由再放任自己的怒火牵连到孩子了呢？如果已经有了这样的意识，就赶紧努力起来吧，别让吼叫伤了孩子的心。

第二章
再认识一下叛逆期吧!

两三岁的孩子进入人生第一个叛逆期,开始变得执拗不讲理;妈妈忍无可忍,不得不吼叫应对。虽然通过以往的学习了解,我们也能意识到孩子进入了叛逆期,但我们之所以会吼叫,其实还是对这个时期的了解并不深刻。所以,在想办法应对之前,还是再来好好认识一下这个叛逆期吧!

06 妈妈眼中的"叛逆幼儿"
——孩子真的无意去"对抗"

所谓"叛逆期",是一种从成年人角度出发的感觉式定义,是我们自我认为孩子的反抗心理和行为增加了,因此所有的叛逆期,其实都可以归结为妈妈眼中的叛逆。

尽管如此,同样是叛逆期,但是书中所描写的叛逆期,可能与每一位妈妈眼中的叛逆期又不一样,因为每个孩子都是珍贵的存在,更是独特的存在,正所谓"世界上没有两片完全相同的叶子",所以也很难有完全相同的孩子。

而实际上,每一个孩子都有其自身的特点,这样就导致其叛逆期时的表现是各有千秋的。比如,仅就出现叛逆表现的时间,孩子们之间就存在着很大的差异,有的孩子刚一岁半时,便已经有了叛逆的苗头，可有的孩子3岁了却在妈妈面前依旧乖巧。

这就意味着，每一位妈妈应该将更多关注的目光投注在自己孩子身上，自己所学习了解的内容只是给你的提示，只是让你意识到孩子可能会经历这样的一个时间段，而你需要结合孩子自身的特点寻找更适合自己孩子的解决办法，更好地处理他叛逆的问题。

妈妈眼中的"叛逆幼儿"，可能与书上描述的一样，也可能只是类似，还可能并没有如书中所说的表现。我们要透过自己的眼睛和大脑，来察觉孩子的表现了。

比如，原本是"妈妈怎么说，我就怎么做"的孩子，忽然对你的任何指令都表现出抗拒，都想尝试抵抗一下；原本对你的吩咐总会回应"知道了"的孩子，忽然开始频繁说"不"；原本还是可以讲通一些简单道理的孩子，却忽然表现出"我不想听"的样子；原本总是快乐唱歌的孩子，忽然动不动就掉眼泪，委屈地闹一闹……当孩子渐渐有这样的或类似这样的表现时，你就要开始提醒自己"孩子或即将或已经进入叛逆期了"。

但是有一点要注意，孩子的这些"叛逆表现"是一种源于其内心的尝试，他希望获得独立，感受自我决定的感觉，这对他来说是一种突破式的成长。而有一些时候，孩子的所谓的"抵抗"却是事出有因的，你不要将原本有道理可言的事实，错误地当成是孩子的无理取闹。

预计着做饭的时间，妈妈和孩子说："看完一集动画片，我们就要吃饭了。"

妈妈动作迅速，在预计的时间之前便做好了饭菜。将饭桌摆好之后，妈妈便对孩子说："来，关了电视，吃饭了。"

第二章
再认识一下叛逆期吧！

孩子焦急地动了动小脚，说："妈妈，一集还没演完呢！"

"什么没演完，妈妈饭都做好了，快来吃。"妈妈并不打算理会孩子的解释。

孩子挺直了身子，抓着遥控器说："你说看完一集才吃的。"

妈妈不管不顾，一把夺过遥控器，关掉了电视，说："我说什么时候吃饭，就什么时候吃。让你看就不错了。快点，洗手吃饭。"

看着瞬间黑屏的电视，孩子坐在原地没动，接着"哇"的一声哭了出来。

妈妈生气地吼道："怎么又哭？哭什么啊？让你吃饭有问题吗？"

孩子眼泪不停，妈妈却皱着眉头转头对爸爸说："他这个叛逆期到底什么时候才过去？怎么总跟我对着干，还动不动就哭，让他吃个饭还吃出错来了。"

这哪里是叛逆期，这分明就是妈妈定好了规矩却自我毁约，孩子从中感受到了不安与不满。如果你将自己的错误也归咎于孩子的叛逆期的原因，那不仅会冤枉孩子，也并不利于你日后以理智正确的方式来处理孩子真正的叛逆行为。

所以，确实需要了解一下孩子在叛逆期的表现。这个时候，孩子的确是会有叛逆行为，但并不意味着他所有的哭闹反抗都源于他的"叛逆"，而是要弄清楚那些让自己爆发怒吼的事情到底源于什么。

另外，也要调适一下自己的心理，叛逆期的孩子的确出现很多会让你抓狂的问题，但你不能如临大敌，不能"宁可错杀一千，绝不放过一万"，不要将所有问题都按照"叛逆期"去处理。孩子的成长是一种复杂情况下的发展，你要用自己的眼睛去看，也要用自己的头脑去思考，把问题的属性分析清楚，才好对症下药。

很多时候，妈妈眼中可能只看到了孩子的叛逆。但实际上，这时期的孩子也是可爱的，关键就看你有没有巧妙地规避他的叛逆。吼叫、压制只会让你更"深刻"地体会到孩子的叛逆，只有智慧才能让你意识到"孩子在叛逆期，真的只是一种对独立的自我追求，而非故意对抗"。

妈妈说："你先喝水，然后再玩。"

孩子装作没听见，以无声来进行抵抗。妈妈提高了声音又说了一遍，孩子依然没动。

这时，妈妈深吸了一口气，然后平静地说："你是准备喝水之后再玩，还是现在收起所有玩具不再玩了？"

孩子立刻站起身，抱起水杯喝了几口，放下杯子回头大声说："妈妈，看，我喝水啦，我可以去玩了吗？"

妈妈无奈地笑笑点点头。孩子转而投身玩具世界之前，对妈妈说："妈妈，我不渴，我自己喝。"

妈妈想了想，明白了，孩子在告诉她，他自己可以控制喝水的需求，并不需要妈妈像对待小宝宝那样，给予过多的提醒。

你看，孩子是不是成长了呢？他的叛逆，只是在提醒我们，他已经可以有自己的判断了，他可以根据自己的需求来做一些简单的抉择。这位妈妈没有吼叫着让孩子必须去做什么事，而是用一种引导必然的选择，让孩子用自己的判断来做正确的事情，简单而有效。

你眼中所见为花，你看见的便是精彩；你眼中所见为泥，你看见的便是污秽。进入叛逆期的孩子用他的叛逆来提醒你，他正在度过一个关键时期，以帮助自己更好地成长，那么你所看见的孩子的表现，其深层次的原因就不一定是你所认为的"孩子怎么不听话了"。

虽然"眼见为实",但你也要做到"心中有数",不焦躁,不懈怠,但也不紧张,你和你的孩子才能更顺利地度过叛逆期。而经过这样一个时期,你就会发现孩子没准儿会实现一个你意想不到的跨越式的成长。

07 按时吃饭睡觉太困难了
——用对方法,孩子乖乖配合

叛逆期的孩子表现出的叛逆可谓是"全方位"的,就连最基本的吃饭睡觉,他也不会错过表现叛逆的机会。

第一,关于吃饭。

对于成年人来说,吃饭是头等大事,吃得饱、吃得好,才能有精神、有力量去做任何事。但在孩子眼中,吃饭、玩耍、探索等各种事情之间的地位是平等的,所以为了玩他可以不吃,为了探索,他会拒绝吃饭。

孩子也许是真的不饿,或者不想吃,或者通过味道来判断并没有他喜欢吃的东西,也可能是并不想现在吃,而是希望等一会儿凉了再吃。不过,也不排除他赌气的可能,叛逆期带来的反抗心理,会让他很容易就表现出"我就不吃,看你怎么办"的心理。

妈妈希望的是,孩子能到点就吃饭,桌子上有什么就吃什么,且能尽量自我解决并吃饱。不过,这是一个非常理想化的希望,叛逆期的孩子并不会如你所愿,所以孩子不能按时吃饭,对于很多妈妈来说是一种折磨。

很多家庭中应该都有过追着喂饭、强迫吃饭的场景。为了让孩子吃饱，我们也真是煞费苦心，但效果却并不明显。因为这样的场景会反复，我们似乎总也踩不准孩子自己乖乖主动吃饭的点。

成年人信奉一日三餐按时吃饭，但孩子并没有养成这个习惯，或者说我们并没有为了培养他的这个习惯而努力。很多家庭中，孩子吃饭的时间点是不准的，想吃才吃的情况时有发生，有时候还会在他说饿时，特意给他多做一顿，这无疑打乱了孩子吃饭的规律性。而且，现在的孩子零食的摄入量明显增多，饿了就能翻出来好多可吃的东西，这也是让他错过饭点的原因。另外，还有的妈妈会让孩子看着动画片、玩着玩具吃饭，殊不知这样会更让孩子没法将吃饭与玩耍区分开，他不会认为吃饭是重要的，因为玩着都可以吃，所以什么时候吃也就无所谓了。这些因素综合起来，再加上孩子此时的叛逆心理，按时吃饭也就变成了非常困难的一件事。

对于孩子的这种情况，我们不妨先从规范家庭饮食习惯入手，保证全家人在合适的时间进餐，除非特殊情况，对待孩子不额外动火做饭。同时，也尽量为孩子准备合理的膳食，保证其营养口味都均衡合理。另外，也加入一些小技巧，让孩子对吃饭产生兴趣，但要注意拿走玩具、关掉电视，让孩子在一个安静的环境中将饭吃完吃好。

第二，关于睡觉。

不能按时睡觉，也是叛逆期孩子的一大特点，很多家庭中都会经历一场与睡眠有关的"战争"。我们原本以为的"孩子年龄小，很容易累，一会儿就困了"的想法，却被这时期的孩子的表现打败了。

这一时期的孩子，精力格外旺盛，越到晚上反而越发精神。尤其

第二章
再认识一下叛逆期吧!

是3岁之后开始上幼儿园的孩子,一天下来的见闻、感受,会充分调动他的兴奋性,就算经过幼儿园里一天的活动,他也依然活力满满。更何况,一天未见到爸爸妈妈,再次见到最亲近的人,他的"人来疯"本性也会表现得更加"强劲"。

可能我们往往设想得非常好:到了晚上八点半,孩子就要躺下睡觉,等他睡着之后,我们就可以做一些自己想做的事。但是,孩子很多时候并不会顺从于你的安排,从开始催促他洗漱开始,你就陷入了一个与执拗对抗的苦战之中。

起先,孩子会百般拒绝你提出来的"刷牙洗脸洗脚"的要求,看电视的会要求"我再看一会儿",玩玩具的会要求"我再玩一会儿",如果实在没别的理由,就会用"我要爸爸帮我"等这样的借口来逃避,而被他用做借口的人,往往都还忙碌着。

接着,经历过洗漱大战之后,孩子好不容易上床了,却并不愿意好好躺着,有的会在床上不停地蹦,有的在床上翻跟头,还有的满床跑不让你抓住,他还觉得这是好玩的游戏,将他不肯乖乖睡觉的意愿表达到了极致。

然后,当你终于把他按进被窝了,他又跟烙饼一样来回翻腾,不是让你讲故事,就是给你讲故事。就算你给他讲了故事,他也会不停地询问,和你说更多的话,时间就这样被他一点点耗过去了。

最后,等孩子终于闭上眼睛睡着时,你会发现他睡着的时间比你预计的时间已经晚了许多,而你也被折腾得筋疲力尽,自己的事情一点也提不起心力去做了。

对于这样的情况,你要保证白天帮孩子把精力释放完,待他困倦了自然就想睡了。在相对固定的时间里为他洗漱,保证他的上床时间,简单地讲讲故事、哼哼歌、慢慢地抚摸他,让他安静入睡。

另外,关于午睡的问题,你并不需要纠结。不是所有的孩子都会午睡的,不午睡的孩子也不一定没有精神。你要根据孩子自己的特点来帮他养成让他感觉舒服合适的作息规律。

显然,不管是吃饭还是睡觉,当孩子不能按照我们所预想的去表现时,我们内心都会变得很焦躁。这些基本的生理功能,对孩子的健康是重要的保证,所以我们才会格外看重。于是,很多妈妈便不自觉地选择了吼叫,在她们看来,如果连这些基本的事情都不能让孩子顺从,那就更别提其他事情了。

其实这个阶段的孩子,对外界的探索心增强了,可以进行的活动也增加了,活泼好动原本也是他的天性,所以他将更多的精力投入到吃饭睡觉之外的事情上,这原本也是好事。他并不是如我们所想的那样放弃了吃饭睡觉,只要引导得当,他还是可以养成好习惯的。

08 在家折腾,出门抱抱
——发现孩子的安全感与被爱需求

处在叛逆期的孩子,在家的表现与在外的表现是各不相同的。在家时他会把家搅得天翻地覆,在外时他却恨不能一步都不走,这是最典型的"在家折腾,出门抱抱"。

在家的时候,孩子能在最短的时间内制造出混乱来。如果家里玩具多,他会把各种各样的玩具都翻出来,可能最终他玩的只是一个玩具或一种玩具,但所有的玩具却都会被他铺满地。不仅是翻出玩具,

第二章
再认识一下叛逆期吧！

他还会扔、抛、踢玩具，玩具位置的变化给他带来的快乐往往也让成年人无法理解。

除了玩玩具，孩子也会在家里跑来跑去，上蹿下跳。如果有人回应了他的这个活动，他会变得更兴奋，跑得更快，爬得更高，满地滚都是相当自然的动作。而且，他玩到兴奋的时候会大笑大喊，甚至是尖叫。

这样的场景，只是想一想，就让人觉得头疼了。但在孩子叛逆期持续期间，这样的场景几乎每天都会在家中上演。

面对此情此景，绝大多数的妈妈是耐不住脾气的，一声大吼，就是希望孩子能停下来，安安静静地做一个乖宝宝。但对于孩子来说，这声吼叫并没有什么重要作用，他可能会一愣，但接下来的折腾依然停不下来。

你之所以吼叫，是因为你认为孩子在捣乱。可实际上，孩子在家如此折腾，却并不一定有捣乱的本意。

那些翻腾玩具的孩子，并不是不珍惜玩具，只是玩具太多，他不知道应该选择哪一个，那些玩具可以带给他不同的快乐，让他无从选择，所以他只能尽量寻找可以一下子吸引他注意力的东西。至于把玩具扔得满地都是，是他对自己手脑协调能力的锻炼，你看他扔出去东西之后，会盯着那东西，表情是兴奋的，这就意味着他并不是失手丢出去的，而是在体会这种对肢体自由支配的感觉。

妈妈的无法忍受，也来自于自己看不下去的帮忙。如果只收拾一次，很多人还是可以接受的，并乐于做这样的事情；但叛逆期的孩子却是每天重复一次这样的事情，日复一日，妈妈自然会觉得厌烦起来。而孩子也因为习惯了这种有人帮忙收拾的生活模式，也就越发无所顾忌了。而且，叛逆心理也会使他不愿意听从妈妈的指挥，如果妈妈说"你收拾玩具"，他多半都会拒绝行动。

可以说，孩子在家折腾的这个局面，是源于孩子自己和妈妈这两方面的因素。如果妈妈能给孩子准备少而精的玩具，并规定好游戏的地点时间，孩子折腾的范围就会缩小很多；如果妈妈能抽出时间来陪孩子一起玩，你和他也就都能享受这段美好的亲子时光，他也就折腾不起来了。当然，你也要培养孩子收拾游戏场地的好习惯，从一开始的合作进行，到后期的让孩子独立承担，不强迫他做什么，让他自己产生主动性，这样你也能轻松许多。

在家这么闹腾的孩子，出门却是完全相反的表现。你一定经历过这样的场景：刚出门没走两步，他就伸出胳膊，提出要抱抱的要求；如果你拒绝，他的眼泪说来就来，就算你躲开，他也会追着你跑，有时候还会抱着你的大腿哭闹一阵，直到你抱起他来才罢休。

在这方面，孩子的表现可谓是锲而不舍的，而妈妈则是愤怒而又不舍，很多妈妈一边说着"你都这么大了还让抱抱""你怎么这么爱撒娇"这样的话，一边却抱起了孩子。孩子一番"抗争"，尽管也会挨训挨吼，但他总会"如愿以偿"。

你一定认为，叛逆期的孩子早就学会行走跑跳了，正应该是撒开腿四处跑的时候。可孩子并不是这样想的，他也会通过自己的眼睛观察，发现妈妈正在逐渐减少抱他的次数，也总是拒绝他抱抱的要求，这与他之前的经历是完全相反的，以前妈妈可是最爱抱他了，不管去哪儿都想要抱着他。

虽然年纪小，但孩子对这样明显的反差也是有记忆的，所以此时的他希望借助向妈妈索求抱抱来验证"妈妈和我依然是亲近"的这样一种感觉,他想要肯定依然能从妈妈这里获得安全感与被爱感。

不过,3岁左右的孩子大部分都有二十多斤重了,对妈妈的胳膊来说也是一个沉重的负担。那么应该如何既能保证妈妈的轻松,又不会让孩子因为没有抱抱而产生失落感,我们需要考虑一个两全其美之法。

在孩子开口要求"抱抱"之前,就先找一些有意思的事情,像"你追我赶"式的走路或跑步比赛,用他感兴趣的事物转移其注意力,都可以暂缓他想要被抱起来的需求。

但当孩子跑累了的时候,他还是会回来向妈妈寻求温暖的。我们也要斟酌时机,准确判断孩子的身体情况及他的情绪状态,如果他真的累了,真的是情绪上极度渴望,那就暂时满足他的要求吧。

毕竟只有两三岁的孩子,此时对我们是无比渴望与依赖的,待他慢慢长大,他也会离我们越来越远,所以在可以和他依偎温暖的时候,就让他尽情享受个够吧,这对你来说,也将是越体会越少的宝贵感受啊!因为等到他6岁上了小学,你再想抱他都不让你抱了!

09　孩子的"不听话与对着干"
——成长,是一件令人惊喜的事

处在叛逆期的孩子,最明显的特征,正是"不听话"与"对着干"。

一些妈妈认为,孩子在年纪尚小时,听从长辈的话是很有必要的,只有这样他才能学习了解更多的生活经验。但恰在其成长的关键时期——3岁左右时,他却一脚迈进了叛逆期,开始用否定来追求自己的独立。

在这一时期,孩子口中会有相当多的否定语言,对于妈妈的任何要求,他都会用"不""不要""我不""就不"等类似的回答来应对。在妈妈看来,这就是孩子典型的"不听话"的表现。

妈妈说:"洗脸洗脚准备睡觉了。"
孩子毫不犹豫地回答:"不要。"
"听话!"妈妈又说了一遍,"赶紧洗,太晚了。"
孩子依旧不动,还是说:"我不要。"
妈妈提高了声音:"我让你去洗手,你听见没有?"
孩子干脆一扭头:"就不。"
妈妈生气了,吼道:"你怎么就这么不听话,让你洗漱这么费劲呢?"
孩子被吼哭了,最终被妈妈拽进了洗手间。

很简单的一件小事,却能轻易折腾出"妈妈生气,孩子哭闹"的结果,不得不说,孩子的"不听话"对妈妈有着极大的杀伤力。

而与"不听话"相伴的,就是"对着干"。如果说"不听话"只是一种思想上的反抗,那么"对着干"很明显就是落实到行动上的"不听话"了。

孩子的"对着干"经常体现在我们对他的要求之上。比如:你要求孩子"不要摸那个盒子",但有至少一半的可能性是他会去打开盒子;你要求孩子"把玩具放回盒子里",他却可能反而把玩具拿到了更远的地方;你要求孩子"好好坐在凳子上,并把饭吃完",他多半并不会安静地坐着,来回扭动、脚踩上凳子,根本不会去碰饭碗。他的行为也是完全与你的要求相悖的。

第二章
再认识一下叛逆期吧!

越是这样的时候,你当然是越发希望孩子能听话。但对付这满身都写着"抗拒"二字的孩子,一定是要耐心与智慧并存的,否则你也就一定会爆发愤怒的吼叫,以表达自己的不满,也希望借此震慑孩子,让他意识到他的抗拒是无效的。

当你的坚持与孩子的叛逆发生激烈碰撞的时候,你接下来有怎样的打算呢?是准备继续加大抵抗力度,以证明自己作为成年人、作为妈妈是一定能胜利的,还是选择理智冷静呢?

如果你能让自己的头脑冷静下来,你就会发现,孩子的"不听话"、"对着干",其实并不是他变坏了,这恰恰是他成长的表现。

在孩子之前的生活中,的确是以"听从"为主的,这是因为他对这个世界充满了好奇心,他需要通过成年人的提点再加上自己的探索来快速地让自己融入世界。但到了3岁左右的时候,他的自我思想会有一个飞跃式的发展,他开始将自己与他人区分开来,并有了自己的独立意识,这就使得他更希望尝试这种独立的生活模式。

此时的孩子之所以"不听话",是他在尝试并练习使用自己的选择权,对于自己不喜欢的,他希望能通过反对、否定来将其赶离自己的身边。而他的"对着干",其实依旧是其好奇心和对独立的追求心在起主要作用。比如接收到"不要摸盒子"的指令,他却开始好奇"这是什么盒子?盒子里到底有什么?我摸一下会怎么样?如果我打开又能看见什么?我真的摸了妈妈会怎么样?"等等一系列的问题,这时他的大脑是飞速运转的,他考虑到很多能吸引他注意力的事情,这已经极大地引发了他的好奇心。

所以在这样的心情之下,当孩子接收到妈妈的吼叫时,他的失望、难过、郁闷的情绪可想而知,而他的反抗之心自然也会越发强烈了。更何况，两三岁的孩子对情绪的掌控力并不强，被阻碍、被吼叫、被训斥都会促使他发脾气，这无疑也是增加家庭内吼叫争吵的原因。

鉴于此，不如采取迂回战术。比如：将对孩子的要求从直接命令换成给出选择项，既能让他自己做主，也能保证我们的要求能实现；和孩子定好约定，"再玩5分钟就睡觉"，既没有反驳他玩的要求，也实现了我们想要他睡觉的希望；无视他无理的拒绝，对于他"就不离开超市玩具区"的坚持，顺着他说"那我回家拿被褥给你，你今晚就睡在这里好了"，他肯定会跟着你走的。

你要意识到，"不听话""对着干"等行为只是孩子成长的过程，并不是他开始变坏的苗头。所以当你不从坏的角度去考虑孩子的表现时，也就自然不会总是如临大敌一般地去限制约束他了，他也就不会因为阻碍而越发抵抗了。所以当你引导事态走向良性发展时，你会发现孩子的种种抵抗也并不是无法理解的。

更重要的是，在孩子的抵抗过程中，冷静的你就会发现孩子成长的趋势，他的抵抗性思维会变得越来越条理清晰，有的孩子可以明白讲出自己的想法，有的孩子甚至可以用合理的理由来表达拒绝。这样的成长难道不会令你感到惊喜吗？

10　总是愤怒哭闹的两三岁
——没有无缘无故的表象

愤怒是人的一种基本情绪，每个人都会有愤怒的情绪出现，就算是两三岁的孩子，也会爆发怒火。比如，他想要做某件事却被拒绝

第二章
再认识一下叛逆期吧!

时,他希望自己完成某件事但做不到时,妈妈没有满足他的要求时。这些情况下,孩子都会变得烦躁愤怒,而他表达负面情绪的最主要手段,自然就是哭闹了。

两三岁的孩子又刚好处在叛逆期,此时的他更是敏感而又情绪化,动不动就发怒、动不动就哭闹的情况也就越发多了起来。

妈妈给孩子的盘子里放好了菜,原想给他一把勺子,但他强烈要求用筷子,妈妈便只得给了他一双筷子。可是拿到筷子之后,孩子的手太小、力气也用不到位,一口菜都夹不上来。他努力了几次,然后脸上开始焦急起来。又一次没夹上菜之后,他愤怒地哭了起来,并在椅子上使劲扭了两下。

妈妈说:"你看你还是不行吧?别用筷子了,用勺子。"

"不要!"孩子哭着喊道,手里死死攥着筷子。

妈妈继续说:"你都夹不上来,吃不到嘴里去啊,快,用勺子。"说着,妈妈抓住了孩子手里的筷子,想要拿过来。

但孩子却加大了力气,坚决不松手。妈妈也生气了,吼道:"松手!不松手打你屁股了!"

孩子眼泪刷刷地流,使了使劲抢过了筷子,但很快就生气地把筷子直接丢在了桌子上。

妈妈一看火更大了,抓过孩子的手,直接打了手掌心。孩子这下哭得也更厉害了。

以成年人的思维来看,这就是一件非常简单的事情,用筷子不方便的话,那就换勺子好了,这应该没有反对的理由。可孩子并不这样想,使用筷子也许是他感兴趣的或者是新学会的一项技能,此时的他对于使用筷子这件事非常执著。

妈妈的回应是有问题的。描述孩子的失败，想要让孩子按照自己的意愿去做。在孩子不听从时威胁他，最终还给了他惩罚，这一系列的经历让孩子感觉非常委屈。原本就因为做不到想做的事而感到烦躁，现在则因为妈妈的不理解感到更加愤怒难过了。

实际上，婴儿大约 4 个月大时就已经会显露出愤怒的情绪了，只不过当时他的愤怒源自于吃奶、睡觉等最基本的愿望没有得到满足。到了 8~12 个月的时候，婴儿大脑发育进入了一个全新的阶段，他会根据过去记忆的比较，来确定自己是不是有快乐的满足，如果没有也会发怒。

但两三岁的孩子的愤怒，则有更深层次和更丰富的原因。这时候的孩子对周遭事物已经有了一定的认知，他认为自己已经很熟悉某些事物，自我独立的意识又让他认为自己也可以做到很多事。但他真正的能力与他的认知又不匹配，当他无法完成自以为可以做到的事情时，那种挫败感会让他对自己、对事物本身生出愤怒来。

而此时妈妈如果再否定他，相当于肯定了他能力的弱小，这是很让他难过的一件事。而且，叛逆期中的孩子原本就执拗，越是不让做的事情他越想做，越反对他，他反而会越想要表现，结果就是屡战屡败，屡败屡怒，屡怒屡哭。

叛逆期的孩子，时刻都处在一种"我想要做很多事"的期望之中，但他却经常遭遇"我总也做不到、做不好"的打击。如果妈妈总是干涉他的自由行为，若再时不时给他一些打击，他小小的脑袋里，无法更好地处理这种"想要而不得"的情绪，发怒并进而哭闹，也就成了此时他的常态。

另外，这一时期的孩子因为思想的发育、探索的扩大，开始有了恐惧、羞耻之心。对于未知的、不能自我掌控的事物，他会感到恐惧。比如有些孩子一看见陌生人就躲，若是让他说话他就愤怒地哭闹，就是这样一种情况。这时的孩子也具备了自我比较能力，表现得不如别的孩子，无法实现自己心中所想，不能实现妈妈的期待等等情况，都会让他感到羞辱，这一感觉也会变成愤怒被发泄出来。

很多妈妈不喜欢孩子动不动就哭的样子，有时候会说："你都是大宝宝了，不能总哭。"可实际上，孩子面对这些负面情绪，哭是他最好的发泄方式。

所以当孩子愤怒了、哭闹了，你一定不要"紧随其后"也跟着闹情绪，让处在情绪爆发中的孩子先释放一下情绪，然后再慢慢询问他为什么会感觉愤怒，为什么要哭闹起来。了解原因才能开始解决问题。

有时候孩子只是对自己感到不满，他只是想用哭来发泄一下，那你倒不如就给他5分钟哭闹的时间，让他哭个够。不过这种允许哭闹的机会，最好只在家中进行。在外面的时候，哭闹的孩子总会成为人群的焦点，这无疑或扩大他感到愤怒、羞辱的感觉。所以在外面你还是要想办法把他带到一个安静的地方或直接回家，然后让他哭闹或者解决问题。

而类似于前面那个不能用好筷子而摔筷子哭闹的情况，你就要多考虑一些了。首先是安抚他当前的情绪，理解他的感觉。"哦，你用不好筷子，吃不到菜是吗？"这样的询问会让孩子知道，妈妈了解他的感受。接下来也可以这样来说："妈妈小时候也用不好的，不过经过很多练习，你看，妈妈现在用得很好呢。"给他一个希望，他也许会再努力一次。这个过程中,可以帮他擦擦眼泪,不用急着教他。等他情绪平复了,自己重新拿起筷子的时候,再慢慢引导就好。

不过,你不能总是等事情发生了才想办法去处理,类似这样的情况,在事情发生之前,你就要和孩子定好规矩,并合理地贯彻执行。你可以在他要求使用筷子的时候告诉他:"如果你用不好,不可以哭,但你可以问问妈妈应该怎么办。"几次之后,孩子就能有这样的意识了,你也会相对轻松许多。

你不用担心,孩子的愤怒哭闹并不会一直持续下去,随着他不断地接触生活、接触更多的人,他会对自己有重新的认识。直到有一天,他可能会告诉你:"妈妈,我还是个小孩子,我做不到很多事,不过等我长大了就能做到了。"这其实也是他成长的表现,因为他已经可以认清自己的能力范围了。

11 幼儿的种种执拗行为
——认清孩子的成长特点

叛逆期的孩子有一个最大的特点,就是"执拗"。除了前面提到的"不听话""对着干",这时期的孩子还有各种令妈妈或无语或恼怒或无奈的执拗行为。

有的孩子强调"秩序感",做事要遵从一定的秩序,打乱顺序或顺序反了,他会焦躁不安,进而愤怒哭泣;他熟悉的物品摆放要按照一定的顺序,凡是物品没在他认为的地点,他会觉得很不高兴;每个人都有属于自己的物品,谁错用了别人的东西,多半都会受到他的指

第二章
再认识一下叛逆期吧！

责；等等。

有的孩子坚持事情的发展要按照自己所想，比如想把圆圆的球体摞在一起，如果摞不上去他会反复地尝试，并且不为周围人所动，就算妈妈告诉他"这个不能摞起来"，他也不会听从，而是一定要坚持。最终当他有"摞不起来"的认知之后，又会觉得这个事实与他的理想是冲突的，多次的失败也加深了他的挫败感。

有的孩子对完美的要求提升了：苹果上有小虫眼，不吃；白纸上有小黑点，不用；衣服上多了一道褶子，不穿；饭碗没吃干净，绝对不允许拿走……不管妈妈怎么说，他都不允许自己所经历的和所接触到的事物是不完美的。一旦完美感被破坏，他同样是会愤怒的，并会用哭闹来表达强烈的抗议。

还有的孩子会表现出相当顽固的占有欲，被他划归为自己的东西或人，绝对不能让给别人，就算是妈妈也不行。如果别人不小心碰了他的东西，或者占用了他喜欢的人，他会非常生气。

也有一些孩子会在一些事情上相当执著，他会不停地询问"为什么"，为什么这样，为什么那样，为什么妈妈不高兴，为什么他必须要如此……不听到能让他满意的答案，他是不会停止询问的。

另外，还有一些孩子此时对诅咒类的脏话很有"兴趣"，满嘴都是"讨厌"与"屎尿屁"，如果妈妈给出过激的反应，他反而会更加兴奋，觉得这是一个很好玩的游戏。这一点让很多妈妈相当头疼。

之所以会如此执拗，还要从孩子成长的特点开始说起。

两岁开始，孩子就进入了物质功能探索时期，对周围的事物与自己之间的关系开始感兴趣，探索自己可以怎样利用这些事物，它们会对自己产生怎样的影响。

两岁之后，随着探索范围继续扩大，孩子就会希望可以做到更多的事情，但其目前的能力有限，所以很多时候其理想与现实都是不一致的。对于这样的情况，孩子会感到困惑、不适应，这会引发他的烦恼。

但是从内心期望来看，孩子还是想要实现自己心中所想的，所以他会反复坚持，也会不惜利用哭闹这样的手段来力图达到目的，同时好奇心也会促使他去尝试更多的事情。在这样思想的引导下，孩子也就在诸多方面都表现出了执拗。

也就是说，这一时期的孩子因为成长而获得了一些新的经验，但是这些新经验并不足以帮助他去应对外界的诸多情况，只能说他比之前有了一定的进步，比更小时候那种完全自我无力的状态强，但要说能应付更多的问题，则还只是美好的设想。

叛逆期中的执拗状态，会让孩子发现更多理想与现实之间的差距，他一时间是无法处理这么多信息的，他一旦自我接受不能，就会引发焦躁、愤怒、哭闹。很多妈妈觉得这一时期的孩子总是会突然就发起脾气来，突然就哭闹起来，突然就显得那么不讲理。因为事出突然，妈妈们的下意识行为也可能就是吼叫一声，希望震住孩子，让他安静下来。

还有的妈妈明白孩子的这种挫败感，为了不让他经历这种感觉，也为了减少他执拗发作时的暴躁，便想方设法帮他做好各种事。这是非常不妥当的行为。

虽然这样的经历会让孩子经常有碰壁感，但这样的经历却会让孩子逐渐形成经验，他会慢慢意识到事物与事物之间的关系，发现自己与事物之间的关系。而有碰壁也有成功的这种生活经历，也会让他明

第二章
再认识一下叛逆期吧！

白，生活中的很多事，有些是他可以经过自己努力改变的，有些是他无能为力的。这对于他正确认识生活是很重要的。

妈妈那种扫清障碍的行为，会减少孩子对真实生活的了解。没有丝毫应对碰壁经验的孩子，一旦真的遭遇不能自我调节应对的情况，恐怕到时候的爆发也会更为不好收场。

所以，在这一充满了叛逆执拗行为的时期，你要让孩子自己去成长，自己去适应这样一种矛盾的状态，让他自己去调试。当然，有时候孩子的执拗发作，会让你从所有正常渠道思考都没法解决，那这时你就应该成为一个倾听者。

两岁半的孩子与妈妈一起走进电梯，她自己想要去按电梯的按钮，但她太矮了，根本够不到按钮。妈妈刚把她抱起来，她却提出了抗议，非要像妈妈那样站在电梯地板上去按按钮。妈妈劝说几次无效之后，孩子无法实现目的，焦躁地哭了起来。

妈妈看着哭闹的孩子，庆幸电梯里没有别的人，于是她干脆就让孩子哭了一阵。等到她哭声小了，妈妈才说："这是没有办法的事，等你长得像妈妈这么高的时候，很多问题就能很容易地解决了。"孩子依旧抽泣着，反复确认了她做不到的这件事，但也不再大哭了，而是乖乖地和妈妈回了家。

这就是一个成功应对孩子执拗情绪的例子。类似于这样的事情，不管怎么做都不顺从孩子的意思，而且他也并不接受解释，那就先安静地让他发泄，过后再告诉他很多事真的是人所无能为力的。我们在一旁可以提建议，不过不要强迫孩子接受建议，要让孩子脑海中那个自我理解程序理解事实，他只有自己想通了，才会有良好的自我发展。

12　幼儿叛逆期孩子的心理
——自然成长，再正常不过

3岁孩子进入叛逆期后会很让人很头疼，这样一个结论来自于成年人的感受。成年人自己认为，孩子发生了变化，不再像之前那样顺从了，所以才会感觉他变得叛逆了。但在孩子看来，却完全没有感觉到自己是叛逆的。这时的孩子，就好像眼前打开了更多新的大门，他是兴奋的，是跃跃欲试的。

因此，作为成年人，你不能只停留在过去孩子给你留下的印象之中，也要随着孩子的成长改变思想，多了解处在幼儿叛逆期的孩子的心理，你才能知道应该怎样应对他这一时期的种种状况，更进一步知道应该如何正确引导他心理的健康发展。

第一，孩子并没有主动意识的叛逆。

有相当一部分人认为孩子进入叛逆期是其主动意识所导致的，总觉得他就是在故意捣乱。实则不然，孩子并不是主动故意地想要叛逆，这只是他成长道路上的一个阶段，绝大多数孩子都不可能避开这样的阶段。

这时期你如果抱怨孩子"你怎么这么叛逆"，他其实是完全不懂的。对于他来说，就好像是学会了吃饭、学会了走路一样，这一次他只是学会了独立，学会了自己可以主动决定处理一些事情而已，他并不觉得现在的这种学习与之前的那种学习有什么不同。

第二章
再认识一下叛逆期吧！

孩子突然学会了走路，以及他突然学会了自己做主，这两件事在本质上是没有区别的，都体现了孩子的成长。可对于妈妈来说，这两件事却有着不同的意义：前一种情况发生时，妈妈会开心；但后一种情况发生时，妈妈却会焦虑。

说到底，这其实还是与我们自身的成长缓慢有关系的，当你不能跟上孩子成长的速度时，你就会为他的变化所落下。而且，他越长大，变化的层次也越会加深，越有其主观能动性，如果你的思想转变不过来，你自然就会产生"孩子渐渐脱离我掌控"的感觉。

所以，说到底，孩子只不过是在自然成长罢了，他并没有故意想要让妈妈不高兴，并不是故意用叛逆来惹妈妈吼叫。当你站在孩子的角度去思考他对成长的渴望时，你也许就会释怀许多。

第二，孩子的自我意识与自主意识开始发展。

叛逆期的孩子之所以不愿意对妈妈再言听计从，就是因为他的自我意识越发强盛。他已经知道自己是一个独立的个体了，他利用否定、抵抗这样的行为，来判断自己的这个判断是不是准确的。而且，随着自我意识的诞生，他的事物归属感也将慢慢增强，属于自己的东西，就要牢牢抓在自己手中。

同时，自我意识也导致他的自主意识萌生发展，他希望自己能决定某些事，他也会主动去做一些事。在家中，你也许已经发现，这时候的孩子会在某一个时刻里，在没有你的提醒、要求之下，主动去做某件事，或者主动提出自己的希望。

这是一个成长的飞跃，如果孩子的自我意识和自主意识发展良好，将非常有助于培养他独立的性格。

不得不说，正是他对独立的追求，才导致很多叛逆行为的发生。

这也是因为他的独立意识是刚开始蓬勃发展的，他并没有意识到自己的能力，也还没有与外界建立起良好的关系，所以很多行为都是在理想状态下发生的。这在熟悉世界规则的我们看来，当然会显得不正常，我们也能预知他的失败，可越是劝阻反倒使他不愿放弃，再加上有些妈妈的过度担心，他的行为也就直接被成人盖上"叛逆"的印章了。

第三，孩子的执拗意味着他内心的信念。

很多时候，我们只注意到孩子是叛逆的，是执拗的、顽固的，是怎么说都不起效的，但你有没有意识到，他的这份执拗，其实恰恰反映出了他内心那坚定的信念。

有的妈妈正是因为孩子"顽固不化"才爆发怒火，更是千方百计地想要阻止孩子。但这样做其实也是在破坏孩子内心的坚持。在孩子看来，被妈妈阻止了，就意味着两点：其一，他做的事情是不对的；其二，他的坚持也是不对的。

显然，如果我们不能采取理智引导的方法，只是用简单粗暴的阻止来应对孩子的问题，反而会让孩子内心的信念产生动摇。

所以这也是给所有妈妈提了一个醒：看待孩子的叛逆执拗，不要只从他的行为后果来判断，最好向深层次思考一下，去了解孩子的心理，发现他坚持的原因，引导他要么实现自己的想法，要么理解当前不能实现的现状，这才是真正有益于孩子成长的做法。

当然有的妈妈会说了，孩子坚持做错了的事情，这也要称赞他的信念吗？你看，当你有这样的疑问时，你依然怀疑孩子是在变坏。我们所保护的是孩子愿意专注坚持的精神，但是非好坏的原则，还是要教给他。你不能从一开始就判断孩子是在学坏，你要让他知道怎样的行为是不好的,这样他才能自动屏蔽错误的坚持,而不是每次都靠你耳提面命。

第四,孩子不会因为叛逆就离开妈妈。

不愿意看到孩子叛逆,很多妈妈的理由是"我感觉他离我越来越远了"。说到底,这其实还是你自己的感觉罢了。是你认为,孩子不听命于你了,你已经养成的"凡事都替孩子想到,凡事都帮他做到"的习惯,随着孩子叛逆期的到来,正在慢慢被打破,所以你感觉不习惯了。而你却将自己的不习惯归结成为孩子出了问题,这不是很荒谬的吗?

孩子并不会因为叛逆就渐渐远离妈妈。因为他毕竟还只是一个两三岁的孩子,此时的他虽然正经历着对独立的追求,可是世界对他来说依然是太过广阔了,他想要迈步前进,可他也需要确认身边是有妈妈存在的,否则他并不敢独自前行。

你可以回忆一下。当你对着孩子吼叫的时候,尽管他哭了,他也坚持着拒绝你的安排,可实际上他的手会紧紧抓住和你有关的一切东西。如果你因为气恼迈步离开,那他一定会大哭着跟在后面,生怕你丢下他。而遇到一些他并不能肯定的事情时,他还是会在第一时间跑到你面前寻求帮助。当他独自完成某些事情的时候,他也会迫不及待地向你邀功,期待你给出能让他感到快乐的赞赏。

你看,幼儿叛逆期中的孩子,是不是并没有你想象中的那么令人头疼呢?他这种种心理,都是他成长的需要,而你也依旧是他生命中最重要的那个人。所以不要太过担心,顺其自然让他成长,这一时期很快就会过去。

13 "3岁看大"的道理

——关键的头三年，做好铸基教育

意大利著名教育家蒙台梭利说："人生头三年，胜过以后发展的各个阶段，胜过3岁直到死亡的总和。"这一段话所表达的意思，用中国的古话来说，就是"3岁看大"。

曾经有科学研究表明，孩子3岁前的生长发育会影响其一生的发展变化，3岁左右的人生状态，往往也会反映其未来成长甚至是一生的状态。

从古至今，从传统到科学，人们都认可"3岁看大"这个道理。那么，"3岁看大"，到底有什么奥秘呢？

3岁是孩子成长道路上的第一个分水岭，而在这时检验的就是其人生头三年的成长，看他在这三年时间里有没有向好的方向发展，看他未来综合发展的趋势将会是怎样。

《三字经》开篇的"人之初，性本善，性相近，习相远"，就明确地讲出了人与人之间的差异是如何形成的。每个孩子尽管会有一些天生性格差异，但其出生时各方面都是差不多的，只不过在未来的时间里，因为教养环境，父母的教育方式，而导致他的发展呈现出差异性。如果我们引导得当，那么孩子在各方面的发展潜能都会被激发出来，这为其日后的发展打开了更多的通道；如果引导不当，孩子在这三年中可能就会养成任性的性格，甚至在父母的影响下，形成不良

第二章
再认识一下叛逆期吧！

习惯。

之所以是在 3 岁这个时间段来进行结论判定，是因为这个年龄的孩子，其身心发展会有一个飞跃，尤其是自我意识的进一步发展，独立自主意识的萌芽增强，会让他在越来越多的言行举动中将其之前养成的或坏或好的习惯都表现出来。

3 岁前，是孩子脑发育的关键时期，其视觉、听觉、触觉不断接受大量信号的刺激，脑神经细胞也在这一时期里快速地建立连接，3 岁前的孩子具有强大的学习能力，其学习成果也是与日俱增的。而 3 岁之后，孩子的大脑在复杂性、丰富性等方面都已经基本定型，尽管大脑发育并没有停止，就如手机的出厂设定一样已经全部设置好，就差往里面添加更多的有需要的内容了。

如果单看这"3 岁看大"的道理，孩子的成长是很让人期待的。可令人头疼的是，3 岁左右的孩子却要经历他人生的第一个叛逆期，这会让很多妈妈仅从孩子 3 岁左右的表现就错误地认为，我的孩子不好了，他这是要反抗父母，要学坏的节奏啊，不是"3 岁看大"吗？3 岁就这么能折腾了，那以后可怎么办？

其实这是我们错误地理解了叛逆期。这一时期的孩子，只不过是从被动生活变成主动生活。

对于之前得到好的教养引导的孩子来说，叛逆期时，他不再只是听从妈妈的指挥去探索，他有了自主能动性，自己尝试着主动去摸索。这样的孩子爱提问、爱思考，所以会产生出于自我思想的反抗，他的一切行动都是有自己的理由的。但更重要的是，之前的好习惯让他有原则，他明确知道什么是对的，什么是错的。所以这样的孩子如果叛逆得太过了，你就一定要去了解他的内心世界，只要从原因上正确解决问题,他的一切发展都会令你欣喜。

也就是说,这样的孩子的叛逆期,也是促使妈妈迅速改变的时期。只要你之前的引导方向是没问题的,那你现在要做的就是跟上孩子独立的脚步,及时调整自己对孩子的认知和情绪。如此一来,你就不会觉得他的这种良性叛逆有多么难对付了,好的引导就能帮他顺利度过这个时期。

但对于之前被放养或被不当教育的孩子,他的叛逆期就是过去种种坏习惯的主动性爆发。比如,3岁之前,孩子乱丢玩具,你只是口头说说,还每次都帮他收拾。叛逆期到来时,他折腾的力度就会加大,因为他的认知是"反正妈妈总会帮我收",那么他就会尝试将玩具扔得更多,把家折腾得更乱,然后看你暴跳如雷,看你继续收拾。这样的孩子会因为自我独立意识的发展,而开始有一些主动性的叛逆,不听话、对着干,都将是淘气的行为,都只是为了好玩。

不得不说,3岁前若是你没有真心实意地想要对他进行好的基础教育,只是盲目地关注他吃好喝好玩好,或者盲目地让他接受不正确的早教,他的很多基本习惯和原则都将是错误的。这样的错误加上主动叛逆,当然会让你觉得难以应对。

总之,如果之前养成了好习惯,那么叛逆期就只是孩子探索能力的进一步升级;如果没有养成好习惯,叛逆期就相当于在他开始主动发动坏习惯,并养成新的坏习惯,这才是妈妈真正值得担心的问题。

如此看来,"3岁看大"是不是一个很重要的道理呢?只有你重视孩子成长前三年的教育,才能真正了解这个道理,也才能更理智地应对他的叛逆期。

那如果3岁前没有养成好习惯,孩子的人生真的就不好了吗?这当然不是定论。就好像是一台最初配置并不太高级的电脑,随着后期的系统更新、升级、应用软件的安装,它也一样能发挥出很好的功能,不失为一台性能好的电脑。作为妈妈,你要有想要好好引导孩子的意识,从现在开始耐心寻找孩子的问题,并控制自己的情绪,不以吼叫作为主要的"教育"方式,多一些理性的引导,后期发力,也一样可以对孩子产生积极的影响。

"3岁看大"也可以看成是一个时间段的概念,其本意就是,在孩子幼年时,一定要注重铸基教育,越小的孩子越容易塑造,越早施以正确的教育,孩子和你都将越早受益。

第三章
越发压不住火的妈妈！

叛逆期的孩子总有各种让人意想不到的言行，除非是非常理智的妈妈，很少有妈妈能耐得住性子去应对。家有3岁孩童，会时常响起妈妈的吼叫声，这在很多家庭中都非常常见。不仅如此，很多妈妈的吼叫还会不断升级，也就意味着妈妈越发压不住火，似乎只要遇到与叛逆期孩子有关的事情，妈妈就会立刻爆发怒火。

14 妈妈"发疯"了
——不做孩子眼中"丑陋的妈妈"

吼叫是一种愤怒的状态。要实现吼叫的"效果"，妈妈需要调整面部表情，瞪大眼睛、皱起眉头、张大嘴巴，并不断地说出尖刻的话语，同时还伴随不断提升的嗓音。

很多孩子因为妈妈的吼叫而哭泣、害怕，其实并不是被妈妈说的话所吓住，反而是妈妈吼叫的那副模样，看上去就像是妈妈发疯了一般。

因为自己的事情没做完，所以妈妈拒绝了3岁孩子提出的"出门玩耍"的要求。孩子央求起来，妈妈解释了几句，但没有效果。孩子开始假哭撒娇。妈妈本来就忙碌，这下生气了，吼着让孩子离自己远一点，声音非常大。孩子吓得一愣，然后默默地离开了。

第三章
越发压不住火的妈妈!

待到妈妈情绪平静下来,询问孩子:"妈妈刚才那么吼你,你害怕吗?"

孩子点点头说:"妈妈看上去就好像怪兽一样,好可怕。"

孩子会很真实地表达自己的内心情感,所以他口中的"妈妈好可怕"就是其最深刻的感觉了。当对妈妈极其依赖的孩子反倒说出害怕妈妈的话来,这对妈妈是不是一个极大的冲击呢?

妈妈之所以越发压不住火,其原因有以下几点:

第一,对幼儿叛逆期的应对准备不足。

之前一直乖巧的孩子,突然某天开始表现出叛逆,不仅如此,进入叛逆期后,他几乎完全是换了一个表现,这让很多妈妈感到措手不及。于是当孩子出现问题时,我们只能是仓促上阵,一时间想不到好办法,也便下意识地选择最简单直接且应该有一定震慑力的吼叫了。

如果冷静下来,对问题有了前后分析,再经过思考,你多半都能想到可以怎么做,也能知道怎样做才会化解现状。所以你当时的吼叫,就是准备不足所导致的,若是你多关注孩子的变化,多了解孩子成长的规律,也许就会在孩子开始表现得叛逆时,在最短的时间里想出更理智的方法来应对。

第二,对孩子的要求太过理想化。

每一位妈妈可能都有过设想,孩子未来应该如何发展,或者也做过梦,想象孩子一步步成长起来的样子。不过,你的设想可能真的是太美好了,所以会不小心忽略掉孩子可能出现的叛逆阶段,也忽略了他因此而出现的反复表现。你可以接受孩子逐渐变好,但对于他因为叛逆期到来而出现的不好的表现,你却很不喜欢,如此你就可能会变得焦躁起来。

还有的妈妈认为自己的孩子就应该将事情做好，就应该很有礼貌，但是叛逆期的孩子会变得执拗，还可能会开口说出诅咒语言和脏话来，这无疑也会触及妈妈的禁区。

除非特殊情况，绝大多数的孩子都是平凡而普通的，他肯定会出现这样或那样的问题。就算不是叛逆期，他也会犯错，更何况叛逆期中他发生了思想变化，所以他会有比平时更多的问题出现。这时如果你强迫孩子必须实现高标准的要求，他的执拗和叛逆会让你的希望很快落空。

你一开始如果不定那么高的标准，而是以平常心来看待孩子，多培养他最基本的做人处世原则，让他一点点养成好习惯，你的心态也许会平和许多。

第三，过分看重自身所谓的权威。

从某种角度来说，吼叫的妈妈分成两种：一种是因为孩子出了问题而不得不吼叫；一种则是太过依仗自己长辈的身份，而以吼叫来证明自身的权威。

有的妈妈原本就很严肃，随着孩子叛逆期的到来，她也更加有理由训斥孩子。所以当孩子犯了一点错，哪怕并没有真的触及妈妈的怒火底线，她也选择用吼叫来进行教育，想要让孩子从中感受到震慑力，希望用自己的严肃态度来给孩子以警示。

教育孩子与妈妈的权威是有一定的关系，但这个权威绝对不是依靠严肃地吼叫来展现出来的。相反的，如果你总是一遇到事情就采取吼叫式"教育"，孩子会觉得你不够稳重。一点事就能逼得你大吼大叫，反倒是权威扫地的表现。

不管哪种原因引发的吼叫，其结果都是一样的，你大吼大叫的丑态被孩子看在眼里记在心上,如果你不思悔改,那么从两三岁开始,孩子内心就会逐渐打上一个"丑陋的妈妈"的印记。而且正因为你不知道应该怎么办才会频繁的吼叫,正因为你频繁的吼叫,孩子也越发发现你对他的无能为力。可见,妈妈的发疯吼叫,并不利于孩子日后教育的顺利开展。

所以你应该尽量控制自己的脾气,在孩子面前少发点疯,哪怕沉默,也好过丑态。如果感到无力,那就去思考、去学习,你要积极地提升自我,跟上孩子的发展变化,理智地去解决问题,这样你才是孩子眼中的理智的好妈妈。

15 吼叫的底线不断压低

——把控好生活的节奏,安定心神

孩子进入叛逆期后,很多妈妈会发现自己的吼叫底线正在不断降低。以前孩子可能只有犯下大错才会触动我们动怒的神经,甚至有的妈妈很少发火,可现在一个小错误就能让我们压不住火了。

这种情况的出现,还是与孩子叛逆期的特点有很大的关系。叛逆期的孩子发掘自我、遵从自我,想做的事情太多但能做得到的事情很少,爱折腾、爱耍赖,情绪极其不稳定,且总是有出格行为。

可能你也发现了:以前说一遍,孩子就能知道了,对于你的"行"与"不行"的指令,孩子执行得很完美;但现在不行了,你说了几遍,孩子要么装没听见,要么就是用不来否定,要么就是和你对着干。这前后不一的心理反差,会让很多妈妈变得烦躁,原本不爱吼叫的可能也开始吼叫了，而原本使用吼叫的妈妈，这时候就会"变本加厉"了。

孩子进入了叛逆期，但妈妈却进入了焦躁期，一丁点问题都会引发你的不满。也许是孩子此时忽然出现的问题太多，让你应接不暇，结果你变得格外敏感，轻易一碰，便忍不住爆炸了。

说到底，这还是妈妈对孩子的不能接纳所导致的。

我们愿意接纳孩子的好，愿意看到他的进步，愿意看到他学到了新的内容，但唯独不愿意接纳他的不好。很多妈妈并不喜欢孩子的叛逆期，不喜欢自己被违逆的状态，对孩子的错误也就变得零容忍了。也正是这种"零容忍"，使得我们对孩子百般挑剔。

妈妈从早上起来就一直处于"唠叨＋吼叫"的状态之中，看着不愿意起床去幼儿园的孩子，她忍不住吼道："让你晚上早点睡，你就是只想着玩，现在起不来你还不乐意？你起不来就是光着屁股我也给你送幼儿园去！"

"不要！"孩子说着，不得不从被子里爬出。妈妈的吼叫让他哼哼了两声，但他却拒绝自己穿衣服，非要让妈妈穿。妈妈一边给他穿衣服一边又絮叨着："你看你起不来，连衣服都不自己穿，你都这么大了，穿个衣服还这么费劲，真是惯得你！"

好不容易把孩子带进了卫生间，妈妈说："赶紧洗脸刷牙，不然迟到了。"孩子其实并没有完全醒，就说："妈妈我现在不想刷牙，能不能等一会儿再刷？"妈妈却回头吼道："什么等一会儿！让你干什么就赶紧干什么！磨磨蹭蹭的，真是干什么都不行！"

孩子委屈极了，只得拿起牙刷牙杯，刚喝一口水吐出去，一部分水沾到了衣服上，妈妈又吼了起来："你怎么回事啊？这么点小事都

第三章
越发压不住火的妈妈！

得出点儿错？你就穿着脏衣服去幼儿园吧！"

孩子开始掉眼泪了，妈妈更烦躁了："你哭个什么劲啊！赶紧的，每天早上都这样，烦死了！"

好不容易把孩子送去了幼儿园，回到家的妈妈无意间看了一眼镜子，自己眉头紧锁、眼神疲惫的样子，真是丑死了。妈妈皱着眉头赶紧转开了头，接下来还有更多的家务等着呢……

如果放在平时，孩子的这些被吼叫的点，其实都算不上什么事，可是叛逆期的孩子似乎是将妈妈的耐性都磨没了，所以一点小事也能让妈妈找到愤怒的点，从而吼叫连连。

当你不接纳孩子的这种看似"另类"的成长，你自然会感到烦恼。叛逆期让孩子有更多的自我意识，有自己的想法，可能与你的安排发生了冲突，甚至可能与你所想完全相悖。而你只有接纳这些，才能站在孩子的角度去看待他的思想与行为，理解他想要做的这些事情的根本原因，只有如此你才能避免将自己带入烦恼之中。

原本就没有什么事是必须要靠吼叫才能解决的，你不断降低的吼叫底线，是你对当前事态发展的不满。你觉得孩子与你对着干，也不过是你以一种高标准来衡量他的言行罢了。尤其是在你原本情绪不好的时候，你不会认为孩子当下的表现是正确的，而是一定会以成年人的标准来比对他的行为，并对于他不能达标的表现而感觉更为愤怒。

最好的应对应该是想办法改变现状，而不只是靠吼叫发泄。孩子的叛逆期总要持续一段时间的，你不能变得一点小事就嚷嚷起来。你的紧张焦躁会让整个家庭都进入这样一种情绪之中，不仅不利于纠正问题，反而会引发更多的问题。

其实所谓的底线，都是你自己划定的。当你变得更有智慧、更理智时，你的底线自然也会提升了。所以究根结底，还是要回归到改变自我之上。作为妈妈，你要把控生活的节奏，而不是被孩子的任何一个变化而扰乱心神。只有你掌控好了节奏，掌握教育的主动权，用正确的表现表达引导孩子，这个叛逆期才会更快更平静地过去。

16　明知不可为而为的吼叫
——请先于孩子一步作出改变

真要说起来，你觉得自己的吼叫肯定是有用的吗？

相信有不少妈妈给出的答案都是不确定的，没有人能很肯定自己的吼叫能够战胜孩子的问题。你为什么每次遇到事情都吼叫，而不是一次吼叫之后就万事大吉了呢？显然你的吼叫只在当时发挥了吓唬的作用，却并没有起到教育的作用。

既然，吼叫是无用的行为，为什么还有那么多妈妈会选择使用呢？这个事实也就意味着，吼叫的行为，很多妈妈是明知不可为而为之的。

叛逆期的孩子说不准会在什么时候就开始折腾、哭闹，很容易给妈妈一个措手不及。妈妈当时想不到办法，却又想要在最短的时间里解决问题，急切的心理加上当前混乱的状态，大脑第一时间分派的"任务"，似乎就剩下大吼一声了。

有位妈妈是这样说的："孩子一直很乖，3岁以前说他，他也乖乖地听，不让干什么就真的听话。哪知道这还有个叛逆期，3岁多一点

第三章
越发压不住火的妈妈!

的时候就变样了,真是处处惹我生气,还一件事连着一件事。最开始我还能耐着性子说他两句,后来发现他根本不听啊,而且那问题也越来越多。很多时候看见他惹事,吼叫都先于我的大脑指令出现。要说吼有用吗?没什么用,吼他他装听不见,要不就是一吼就哭,一边说着'我错了',一边下次该怎么干还怎么干。可是事情一下子摆你跟前,他又犯了错,情不自禁地就会吼出来。虽然没用,但感觉吼一两声也能提醒他记住。至于他是不是真记住了,我也只能抱着美好期待了。"

选择吼叫,是因为这几乎是一个不用动脑子又能体现一点儿权威的行为。另外,就如这位妈妈所提到的,很多时候吼叫会先于大脑指令而发出来,这也是我们明知吼叫无用却依然会吼叫的原因之一。

说到底,你还是养成了依赖于吼叫的习惯,你总觉得遇到问题若是不吼叫两声,心里会不踏实,会认为孩子不听从,就像有的妈妈说的,"吼他他还不听呢,这好声好气地说,他还不完全当没听见"。

你缺乏对问题的深入探索,只想着如何制服孩子,而并不思考怎样引导孩子;只想着尽快平息眼前的状态,而并不分析什么原因导致了这情况的发生。所以你将希望寄托在了吼叫上,想要一劳永逸,可谁知却变成了屡战屡败。

吼叫的妈妈大部分都会用这样一个借口,"谁愿意吼他啊!谁还不想好好说话啊!可孩子哪听啊!根本不给你好好说话的机会,叛逆期一来,他轻易就能把你气炸"。你将所有问题都归结到了孩子身上,看上去就是孩子给你惹了麻烦。

但是,你有没有从自己身上找过原因呢?

不是所有妈妈都吼叫的。那些不吼不叫的妈妈,又是怎样教育孩子的呢？一定有妈妈又会反驳："那是人家孩子长得好，我这孩子天生就这样。"错了，孩子所表现出来的，就是家庭教育的成果。哪怕是孩子处在叛逆期，如果妈妈应对的态度不同，那么你对孩子的感受也将会不同。

举一个简单的例子，孩子在叛逆期时会有说脏话的行为，"屎尿屁"这类的语言会经常出现在他的口中，而且每次说还都很开心。

不理智的妈妈一定会生气的，吼着让孩子不许再说这样的话，还可能会吼叫着训骂孩子一顿。比如有的妈妈就会说："这么小就说脏话，你就是个坏孩子。"这个态度明显刺激了孩子，他会发现，原来这类话可以让妈妈产生这样大的反应，所以他也许会说得更多。而且叛逆的心理，也会促使他反抗你对他的命令。

但理智的妈妈则不然，会平静地当作没听见，让孩子自己说一会儿也就算了。然后，等孩子情绪没那么亢奋的时候，妈妈会告诉他："这样的话并不好听，至少妈妈并不喜欢，我想别人也不会喜欢。"妈妈明确地讲出了这类话的性质"不好听"，并表达了自己的感受——"不喜欢"，同时还提醒孩子，他人的态度可能"也不喜欢"。3岁左右的孩子对于"喜欢"这种情感已经很了解了，而且他对好恶也已经有了基本的判断，所以妈妈只需要这一句话，就能让孩子明白他的行为是不妥的。虽然不能保证日后孩子一句不再说，但肯定说这些话的次数会减少，直到完全不再说。

不理智的妈妈眼中，孩子学坏了，所以她吼叫，她发怒，她试图做的是压制，其结果要么是孩子变得胆小，要么是孩子变得无法无天；理智的妈妈眼中，看到的是孩子叛逆期中的特点，她选择忽略，让孩子自己丧失对脏话的兴趣，同时用简单的话语来引导，使孩子能够自己产生不再说脏话的主动意识。

所以要解决叛逆期的孩子的问题，并不是只有吼叫的。既然明知其不可为，那就慢慢尝试着真的不为吧！你先于孩子一步作出改变，端正态度，正视孩子、接纳孩子，这会让你更客观地看待叛逆期的问题，而不是只跟着自己的情绪走。当你发生了变化，孩子也会跟着你一起变化，你完全可以试试看。

17　吼叫与悔意的无限循环
——必须要破掉的死结

在有的妈妈看来，吼叫是一件很纠结的事：不吼的话，孩子的种种"瞎折腾"的行为让自己闹心；吼叫的话，当自己情绪平稳之后又会后悔，但是下一次遇到孩子的问题，八成还是会继续吼叫，然后再陷入继续后悔中。

没错，吼叫不仅仅是妈妈眼中那个"明知不可为却为"的行为，也是一个能和后悔配搭的因素，吼叫与悔意在很多妈妈的内心会形成一个无限的循环。

孩子在玩玩具的时候没有耐心，一会儿玩这个，一会儿又玩那个，结果摊了一地玩具，屋子里乱糟糟的。妈妈说了两句，孩子还闹起了脾气，顺手丢了玩具，被抛出去的玩具碰洒了水杯。妈妈一下子爆发了，抓起孩子的胳膊直接吼了起来，训斥孩子不好好玩耍，训斥他总是给自己找麻烦。一时间孩子哭，妈妈吼，原本应该是轻松愉快的玩耍时间，却变得沉闷与压抑。

待到孩子睡着之后，妈妈一个人冷静了下来，回忆了一下自己刚才的表现，心想：我是不是可以不用吼的？他想玩什么？我刚才好像也没好好陪他，没好好问他就吼叫也真是有些后悔啊！

看着孩子熟睡的脸，想着他入睡前让妈妈抱抱亲亲的样子，妈妈心软软的，并提醒自己下次不再吼叫了。

下次，问题来了的时候，妈妈可能还会吼叫吧，然后待情绪平稳之后继续后悔。有的妈妈将这样的状态当成是一种常态，但是这样的一个循环却并不是良性循环。

人们对自己做的某一件事感到后悔，就意味着发觉自己可能做错。对吼叫的后悔也是如此。正是因为感觉吼叫不好，才会心生悔意。

对吼叫的悔意，往往包括这样几个方面：

第一，对吼叫的内容后悔。

"我不该说那样的话"，这是这类后悔的常见表达。因为怒火上来时，大脑没法冷静下来，人就会无意识地选择最伤人的话语去攻击对方，哪怕对方只是一个两三岁的孩子。

很多妈妈一旦发起火来就变得口无遮拦，什么都往外说。孩子一下子就被笼罩在伤人话语之中，他也会分辨得出好听的话和难听的话，那些不好听的话会让他感觉到疼痛，所以他会用哭泣来表达悲伤。

事后冷静之后，你才能意识到自己刚才说过了什么，此时再去回想那些伤人的话，你自己也会感到吃惊的。妈妈都是爱孩子的，说那么难听的话，没有妈妈不会后悔。

第三章
越发压不住火的妈妈!

第二,对吼叫的行为后悔。

"我不该吼他",这一类的后悔,其对象就是自己吼叫这类行为。不管吼了什么,只要是吼叫,过后妈妈都会产生悔意。这样的妈妈一定都想做一个安静平和温柔的妈妈,但是性格、能力等各方面因素所导致的无法好好控制自己,一遇到问题就吼叫,吼叫之后又后悔。这样的妈妈已经知道吼叫是不对的了,但却会情不自禁。

第三,对吼叫的习惯后悔。

"我这坏习惯,什么时候能改",这一类的后悔已经不仅仅是指向对孩子的吼叫了,因为已经成了习惯,所以这样的妈妈几乎在任何一种情况下都会爆发吼叫,而且吼叫的对象可能是孩子,也可能是其他家人,还可能是家庭以外的任何人。

这也是最矛盾的一种后悔,明知是坏习惯,但正因为是习惯,所以才遇事就吼。你一定也想要好好对待孩子,但是你习惯性地以吼叫来应对各种问题,那么当孩子出了问题,你也会选择你最熟悉的方式去处理和解决。

不管是哪种悔意,只要不能戒除吼叫,悔意就将不断产生。有了悔意却不思变,那也不过就是你的情绪从愤怒变成后悔罢了,并没有触及深层次的决心。

只要你不改变,吼叫不断,悔意也就不断。

所以说到底,还是要从不吼不叫开始入手。

其实吼叫之后心生悔意,这已经可以算是有一定的进步了,只是如果你只停留在后悔之上,显然是不能有更大改变和突破的。所以应该想想怎样了结这个循环,不要只将悔意停留在情感层面,而是要落实到行动之上,通过后悔来考虑未来的路。

18　所谓的"爱的名义"

——为孩子付出那么多，他为何却无感？

因为孩子叛逆，因为他总表现不好，所以我们才吼叫他。这样的吼叫原因，严格说起来算是吼叫的表层原因。在很多妈妈那里，有一个引发吼叫的更深层次的原因，那就是对孩子的爱。

"我就是想要孩子好，不然我为什么要吼他？"

"哪个妈妈不爱孩子？不敲打他他能好？不吼两声他能记住？"

"打是疼骂是爱，对孩子越严格，他才越有出息。"

"那些不吼的才是真不爱孩子的。孩子都那么闹腾了，不吼他能行？"

……

类似这样的一些想法，你曾经有过吗？或者说，你是不是也觉得，这些说法有一定的道理呢？在对待孩子这方面，似乎不管我们怎么做，都能用爱来做借口。在很多妈妈看来，只要以"爱的名义"对孩子开展教育，那怎样都不为过，吼叫也就变成了正常的教育行为。

以"爱的名义"而行的吼叫，会让妈妈不自觉地产生一种权威感与正义感。看待孩子时，妈妈会不断地给自己洗脑，让自己认为"我爱他才这样做，我这样做就是在爱他"，于是吼叫的内容也就被放开了底线。而且心怀"爱的名义"，还会让妈妈的内心产生错觉，错误

第三章
越发压不住火的妈妈!

地认为自己是在做正确的事情,一番吼叫让自己劳心费力的事情,也就更加期待孩子能听自己的话,能做自己希望他做的事。

但这样的爱,孩子可是真的不需要啊!

你的每一次吼叫,面目狰狞、言语尖刻,且不堪入耳,孩子是害怕的,甚至是恐惧的,所以他全部的注意力都集中在抵抗恐惧情绪之上。

你的每一次吼叫,随时随地、不讲情面,且连珠爆发,孩子也有自尊,他会觉得害羞,觉得难堪,但不会想到的,恰恰就是听从与悔改。

你觉得你在爱孩子,但孩子明显感觉不到你的爱。如果你的爱没法传递给孩子,如果他不能从你的言行中感受到爱,那这份爱就是失败的,那也可以说是不存在的。吼叫就像在你和孩子之间筑起了一座高墙,隔断了你们彼此之间的情感传递通道,你认为自己付出了爱,可孩子完全没接收到。最终,你愤怒生气,孩子委屈悲伤。这样的结果怎么能说是有爱的呢?

有一位已经做了妈妈的女士就曾经这样说:

"从小到大,妈妈教育我的方式不是吼就是骂,她还总说'要不是为了你好,谁愿意理你'。结果我在家里一直都过得战战兢兢,生怕一步走错,就招来吼叫和训骂。

"虽然妈妈并不是一直都这么吼叫的,家里也还是有欢声笑语的,但我永远都没法放松下来,我感受不到这快乐背后的爱。即便是笑着,我也要看着妈妈的脸色,只要她一不高兴,我恨不得立刻躲得远远的。

"长大以后,我也并不愿意与妈妈谈心,倒不如说,我完美地继承了她的吼叫:一言不合,我也会吼叫起来,不管是对待她和爸爸,还是对待自己的孩子。"

妈妈觉得自己是在对孩子好，可孩子却一直心怀惧意地活着。不仅如此，孩子还学到了妈妈的吼叫，日后吼叫的人又增加了一个。若是情况一直如此发展下去，这个家庭将会一直处在吼叫氛围中，而且吼叫的人将一代又一代地不断传承。

有的妈妈说"爱之深责之切"，着急了就口不择言了，但本心都是好的，否则对待陌生人，谁能那么上心呢？可是，对待陌生人我们都能好言以对、笑脸相迎，对待亲人，对待和我们血脉相连的孩子，反倒横眉立目、恶语相向，这样的心态值得我们深思。

孩子需要爱的滋养才能健康成长。真正有意义的爱，是对孩子温柔相待，接纳他的所有缺点。即便叛逆期的孩子经常大事小情不断，但你出自于想要引导他向好发展的心理，用理智的态度来应对，并不断夸奖他的进步成长，这样他才能放心接纳你的教育，才会愿意听从你的建议和意见，去纠正自身的问题。

而且，叛逆期的孩子更需要温柔的爱。因为思想的变化、自我意识的到来，孩子的确想要追求独立，可是他这时的独立却是有条件的，那就是要在妈妈的护航之下。你的爱对于孩子来说是最好的支撑。叛逆期内他会有种种尝试，但他只有坚信你爱他，他才会放心大胆。接受了健康的爱的孩子，是不会想方设法用拙劣的手段去吸引妈妈的，他的心理是健康的，他更愿意在正常的方向去探索。

所以，如果你认为你的吼叫是源自于对孩子的爱，那就先纠正你自身对爱的理解，学习正确地表达爱，让自己放松下来，让孩子也轻松起来。正确理解叛逆期孩子的心理与行为，这样你不仅会拥有正确的爱的心意，同时也会发现，吼叫正在慢慢减少。

第二部分　吼叫原因
——孩子的需求变化，妈妈的心理变化

02

　　成长带给孩子的不仅仅是身高和体重的增长，他各方面的需求也在不断提升，这些需求有的需要妈妈来给予满足，有的需要获得妈妈的允许才能去寻求满足，还有的则是孩子自身就可以寻求并实现的满足。孩子的需求只有获得满足，他的成长过程中才不会有烦恼或少很多烦恼。如果没有实现这一点，他则会变得烦躁。

　　处于幼儿叛逆期的孩子，他的需求比之前会有一个飞跃式的增长。而随着他开始上幼儿园，很多妈妈的生活也恢复到之前的工作模式，这期间的种种琐事也会成为妈妈烦恼的源头。一方面孩子需求得不到满足，另一方面妈妈内心因琐事多变、变多而烦躁。如此综合下来，妈妈的吼叫原因也算是有迹可循了。

第四章
孩子的强烈需求与妈妈的不能满足

婴幼儿时期,孩子的需求大部分出自于生存需求,小部分是他对自身、对世界的认知需求。但到了3岁以后,随着孩子自我意识的不断提升,随着所学事物的不断丰富,随着所接触到的人越来越多,他开始有更多的成长需求。如果妈妈不能满足他的这些需求,那么他的成长会变得烦躁并难以前行。

19 3岁孩子有更多的成长需求
——所有的"故意捣乱"都事出有因

人一生中会有很多需求,人生初期也不例外。比如,新出生的孩子,其主要的需求就是要吃得饱、喝得好,大小便要有人帮忙处理干净,保证充足的睡眠……而一两岁的孩子,除了如新生时期一样的吃喝拉撒睡之外,还要求对这个世界有更多的认识,他开始接触周围的人与环境,尝试活动手脚、开口说话,与父母亲人以及周围的人开始产生互动……

等到了3岁,很多人认为这时的孩子就是之前成长的延续,还是要吃好、喝好、玩好,但是因为开始上幼儿园了,大部分人也会认为这时的孩子需要开发智力,学习更多的东西。正是这样的心理,才导致很多妈妈将更多的精力放在了关注孩子的学习方面。

但是，3岁左右的孩子在此时进入幼儿叛逆期，而其之所以会出现"叛逆"，恰恰是因为孩子自我意识的不断增强。这时的孩子在心理方面的需求更大，因为有了更多的自我思想，所以他更渴望与周围人，尤其是与妈妈进行心灵上的交流。如果你仔细观察，会发现这一阶段的孩子经常能说出一些很让人意想不到的话来，他能表达更多的感受，也会表现出比之前更多的情感体验。

所以对于这一时期的孩子来说，他的成长需求，已经不仅仅是能吃饱、喝好、玩耍、探索这么简单了，他需要从内心深处获得更多的认同，需要从妈妈那里获得更稳定的安全感，更需要从周围人和事物之中汲取更多的经验。

这一阶段是孩子成长的一个关键时期，他的绝大多数需求都是有意义的。比如，他会要求独立自主，他想自己去做一些事情，希望去接触更多的事物，需要自己选择、决定、处理一些事情，这对他很重要，经历了这些，他才对自己"是一个独立的人"有更贴切的认知；比如，他需要认识更多的人，不管以后是不是会和某些人成为朋友，他都会去接触，正是通过这样的经历，他才能逐渐理解人与人之间的关系；再比如，他此时也需要更大的活动量，因为他的精力、活力比之前更大，需要通过丰富多彩的活动来释放这些精力。

因此，当孩子表现"叛逆"的时候，其实是他在诉说心理需求。但有的妈妈并不认为这些需求是一个3岁孩子真正需要的，所以她多半会认为"孩子是故意捣乱"，带着想要纠正捣乱的心思去教育孩子，当然也就不得法了。而也正因为教育的不得法，很多妈妈无法忍受地吼叫，希望借助吼叫来应对这所有的问题。

作为妈妈，你一定要意识到3岁左右的孩子身上会出现巨大的变

第四章
孩子的强烈需求与妈妈的不能满足

化。他在意识上、思想上发生的变化，是导致他外在言行举止发生变化的最主要原因，也就是说，孩子的外在行为表现是由内在心理所支配的。而要应对孩子的这种巨大的需求变化，你不仅要更多地了解孩子，也要及时调适自己的心理。

当孩子的需求能被很好地满足时，他的内心是充满愉悦的，有一些叛逆表现很可能就不存在了。

看到妈妈在洗袜子，3岁半的孩子也要求自己洗自己的袜子。妈妈不让他洗，生怕他洗不干净。孩子不断央求着妈妈答应自己的要求。妈妈便拿了一个小盆，把袜子递给孩子。在妈妈的指点下，他开始揉搓自己的袜子。看到袜子上起了泡沫，他兴奋地叫着，直到把袜子在清水里漂洗干净，他也心满意足地擦干净手离开了。

这一时期的孩子，对于自己能够独立完成一件事的渴求是很强烈的，他希望自己可以像成年人那样做很多事，所以他也会努力去尝试更多的事。

前面这个孩子想要自己尝试洗袜子，也是他对独立的一种追求。但如果他的要求一直被拒绝，他会开始为自己抗争，妈妈若是耐烦再吼叫几声，他的情绪就会变得很低落。

当孩子的这种独立行事的需求得不到满足，他也会在以后不断地要求；若是一直受挫，他一方面可能会变得更暴躁，另一方面也可能会逐渐放弃独立。

但这位妈妈最终选择满足孩子的独立需求，这就使他由内而外地感到快乐，这时他会乐意接受妈妈的指点与安排，显得也比之前听话许多，妈妈也会轻松一些。

实际上，孩子的需求是不是得到了满足，也将在一定程度上左右其叛逆期的发展动向。所以作为妈妈，你要洞察这之间的联系，要让孩子在满足中去成长，这也是在为我们自己的心理减负。

20　孩子独立需求 VS 妈妈不能放手
——适度顺应而非阻止，皆大欢喜

独立，对于每一个自由人来说都是无比重要的，这意味着一个人可以进行自我决策，可以独自寻找解决问题的办法，并能通过自我努力处理好各种事情。孩子只有具备这一重要的个性品质，其人格才能健全发展。独立性也是孩子未来生活的重要保障。

孩子从很小时候起就有独立的需求了，先从活动自己的手脚开始，之后慢慢尝试自己拿取东西，尝试自己移动，再随着时间推移尝试自己做各种事情。到了 3 岁左右，孩子的手脑协调能力比以前有了显著提升，在好奇心的驱使之下，他更加希望自己去做一些以前没做过或做不到的事情了。

孩子的愿望是美好的，但到了妈妈这里，这些愿望却可能会被直接截断。很多妈妈相当谨慎，生怕自己一个没看护到，孩子自己触碰了什么不该碰的东西，从而导致不好的事情发生，她们更愿意凡事都替孩子想好、做好。

所以，很多妈妈并不愿意放手，一旦孩子想要自己做什么事，妈妈会百般阻拦。可处在叛逆期的孩子此时是执拗的，越是阻拦的事情，他反而越要去尝试一番。妈妈无视孩子的需求，孩子尽力想要获

第四章
孩子的强烈需求与妈妈的不能满足

得满足。冲突矛盾到了一定程度，一直认为自己掌握主动权的妈妈，很容易就会爆发怒吼。

不仅仅是怒吼这样的行为会给孩子带来冲击，妈妈怒吼出来的内容，也让孩子感到很不舒服。妈妈反对孩子独立需求时的吼叫内容，包括以下几种：

直接否定——否定孩子当下正在进行的行为，"你不行""你做不到""别瞎闹"等内容脱口而出，直接否定孩子要做的任何尝试。

冷嘲热讽——并不信任孩子，"你以为你几岁""你可真能干"，这样的话语就是为了提醒孩子这时候他什么都做不到也做不好。

人身攻击——这类的吼叫多半会出现在孩子犯错的时候，有的妈妈会吼叫孩子"你是笨蛋吗"，或者干脆说"怎么生了你这么个不争气的孩子""我没有你这么讨厌的孩子"等等，这无疑也是对孩子内心的一种打击。

威胁恐吓——为了让孩子听从，有时候妈妈也会用孩子害怕的东西来威胁一下。比如有的妈妈说"你再不听话就把你丢出去""我不要你了"等。

冷冷拒绝——用冷暴力来应对孩子的行为，"我讨厌你这样的孩子""我不想理你"，等等，试图用拒绝来断绝孩子的心思。

居高临下——端着架子与孩子对峙，"我是妈妈，我说什么就是什么""你必须要听我的""我吃的盐比你走的路多"……试图用自己的身份来压制孩子，让孩子胆怯和退缩。

不管哪一种，都会对孩子的内心产生冲击，会更加激起他的叛逆之心，孩子会执拗地想要更多地去尝试。但同时，随着被拒绝、被吼叫的次数增多，这样的吼叫内容也会让孩子对自己当下正在进行的行为心生怀疑，慢慢地开始对独立行为产生畏惧感，他的内心也将变得矛盾而烦躁。

还有的妈妈，可能并不吼叫，但却在孩子动作之前替他预想好所有事情，并提前做好准备，一旦孩子想要自己做点什么，妈妈就惊慌失措，又是劝说又是阻止又是吓唬，孩子只有乖乖地享受，妈妈才感到安心。

于是孩子的独立需求与妈妈的不能放手，便形成了一对矛盾。幼儿叛逆期到来时，这对矛盾会更加激化。

如果你仔细观察一下，会发现在这一时期孩子的言行多半都会带有独立的性质，比如，他会告诉你"妈妈，我想要做××事"，或者是"妈妈，让我试试"，更有的孩子干脆就握住主动权，张口就是"妈妈，我给你弄××"。尤其是最后这一种情况，可能与之前妈妈对他所说的"来，妈妈给你弄"的样子极其相似。

这其实是一件好事。你之所以会那么焦躁，其实原因都在你自己身上。

有一位妈妈讲述了这样一件小事：

孩子早上起床之后，非要自己系扣子。如果让她自己来，扣子小，扣眼儿小，她的手的协调性又还没那么灵活，那花费的时间可就没头了。所以她提出这个要求之后，我是头疼的。她穿着衣服跑到床的最里面，我够不着她，她站在里面坚持自己系扣子。

我无奈地等着她，看着她自己一点点抠着扣眼儿往里塞小扣子。我在原地左右挪了挪步子，又把床铺整理了一遍，我感觉到我的耐心在一点一点地被用尽。眼看我要忍不住了，孩子终于开心地从床靠里的位置跑到我面前，一脸骄傲地腆着小肚子说："妈妈，看，我系好

第四章
孩子的强烈需求与妈妈的不能满足

了,我自己系的。"

我看了看时间,其实……也没有那么慢,就是比平时我给她穿的时候慢了5分钟而已,而这5分钟,完全可以在其他地方赶出来。但是也就是这我忍耐的5分钟,却让孩子感觉很快乐。她高兴地给我讲她怎么用力系扣子的经过,然后很自然地跟着我进入卫生间刷牙洗脸。要知道,以前让她刷牙洗脸的时候她并不那么顺从,她总是感觉困,总会哼哼唧唧的。可今天,5分钟自己系扣子,她觉得开心极了,后面的事出奇地顺畅,那被她"消耗"掉的5分钟,真的被补回来了,而且出门去幼儿园的时间还比之前提前了,重要的是,她一脸满足、满是笑意地跟着我走出了家门。

这件"小事"让孩子很兴奋,让这位妈妈也很欣喜,当然也让我们有些感慨。这位妈妈实际上是顺应了孩子在幼儿叛逆期的一种自我成长的需求,结果大人孩子皆大欢喜。

很多人认为,叛逆期的孩子一点就着、不好伺候,其实是我们对他的种种需求无法给予满足,才导致他变得越来越焦躁。想想看,如果你能顺势允许年幼的孩子自己完成一件"小事",他也会满足地回报你一个开心的早晨,这样的"交换"难道不值得吗?

孩子原本就是一个独立的个体,随着成长,他的注意中心将会越发转移到更广阔的范围中,他想要自己去看看、摸摸、尝试一下的事情会越来越多。我们原本就希望他"自己的事情自己做",既然他有了这样的需求,何不趁势就满足他呢?顺应他的主动性,这可要比以后你强迫他"自己的事情自己做"要有效得多。培养自己独立行动的能力,并没有什么年龄限制。只要孩子有了这个意识,我们就要抓住这个机会。早一点具备独立行动的能力,孩子就会有更多的时间去探索。

21 孩子自主意识 VS 妈妈有意干涉
——接纳改变，就会少很多吼叫

"我想要去做一件事，我对这件事有自己的判断，在做事的过程中我会自己选择，最终我将决定这件事的走向。"简单来说，这便是自主意识在支配我们处理事情。

3岁以后的孩子，开始具有这样的自主意识。他会有种种源于自我思想的主动性选择、决定、判断与行为，尽管这其中有很多原因依旧源自于他的好奇心。但不能否认的是，这时的孩子已经更贴近于一个独立的人，主动地去思考、分析，并决定他所认定的事情的发展。这是他成长的一个大进步。

很多妈妈对待孩子的这种自主意识，持一种反对态度。

"才几岁？自己想干什么就干什么？还反了你了！"

"你太小了，你想的都不对！"

"我是妈妈，听我的准没错，你什么都不懂。"

"到底是个孩子啊，太天真了！"

……

话语之间，全是对孩子的不信任，并认定他就是幼稚的。正是抱着这种否定的心情，所以很多妈妈才会有意出手干涉孩子的自主意识，企图将自己的想法强加给他，并希望他能顺从自己的安排。

但是，孩子的想法终究是他自己的，他对事情的看法、选择、判

第四章
孩子的强烈需求与妈妈的不能满足

断、决定,都与他自己的认知有关,这是独属于他那个年龄段的想法。而且,处在叛逆期的孩子,此时还可能恰恰就看不上你的看法。

一位妈妈带着孩子坐车回家。天晚了,旁边的大楼外墙上点起了小装饰灯。妈妈指着那些灯说:"看,大楼上的灯,好像星星一样。"

孩子却立刻反驳道:"才不是呢,才不像呢!"

妈妈问:"那你觉得像什么?"

"嗯……"孩子想了一会儿,然后笑着大声说,"当然是像星星啦!一闪一闪的,多漂亮啊!如果我能摘下来就好了,可以送给妈妈。"

孩子的想法,永远不会为你所掌控的,你所塞给他的只是你自己的想法。即便在你看来,他说出来的内容和你想的一模一样,可那却是他经过自己的思考得出来的结论。也就是说,他反驳的是你塞给他的东西,他向你展示的是他出自自我意识的独立思考,而且他比你想的更美好。

就是这样一件简单的小事,你是不是也有所感悟呢?孩子理应对事物有自己的认知与想法,他需要自己去接触事物,并经过自己的思考得出结论,这有助于培养他的分析、思考和决断能力。

很多妈妈之所以会吼叫,其实大多因为孩子的想法与自己相悖。而叛逆期的原因,又使孩子变得非常固执。妈妈如果不能理性地理解孩子的这种自主性,就会感觉孩子脱离了掌控,希望借助更严厉一些的方法来压制住孩子,而孩子则希望凭借自己的感觉来继续掌控事情的发展,由此妈妈和孩子之间就会产生矛盾。

其实很多妈妈内心会有焦躁,有的妈妈还会有恐慌。孩子的这种变化已经很明确地提醒了你,他是一个独立的人了,他有了自己的想法,对某些事有了自己的认知,他会喜欢你不喜欢的东西,也会不喜欢你喜欢的东西,他和你开始出现分歧,不再与你异体同心,不再盲目地随声附和你的任何想法,而且随着年龄增长,这种趋势可能还会越来越明显。

如果你无法尽快适应孩子这样的转变,那么你就会痛苦。而面前的孩子又只有3岁,所以你更希望借助一些简单粗暴的手段来将他重新拉回到自己身边来,你选择吼叫,不仅是对他的"违逆"感到焦躁,也是对自己渐渐地无法掌控他而倍感焦躁。

归根结底,还是你自己的心理变化影响了你的情绪。对于孩子的成长,一定要有一个预知,要意识到他势必会成长为一个独立的人,你应该以欣喜来接纳他的独立。不管是自己主动思考还是主动行动,这都是他的进步。孩子最需要获得妈妈的支持与肯定,所以你不要总试图干涉他的想法。他是怎么想的、有怎样的感受、作出怎样的选择,这些都应该是他自己来决定的,你可以建议,但不要粗暴地干涉他的想法。

调适好自己的心理,接纳孩子的改变,这样你才会减少吼叫。

22 孩子期望交友 VS 妈妈盲目干预

——"指导"太多,适得其反

一般来说,3岁前的孩子与人交往的渴望并不强烈,他可能会看着别的孩子玩,但并没有很想要加入进去的意思,这时候他更希望沉

第四章
孩子的强烈需求与妈妈的不能满足

浸在自己的游戏世界中。然而一旦迈过3岁的门槛，孩子的交往需求立刻就增加了，他渴望与更多的孩子接触，渴望跟他们一起游戏。

其实按照道理来讲，这时候只要把孩子带进小朋友扎堆的地方就可以了，让他去幼儿园，让他和同小区的小伙伴们一起玩耍，带他多接触人群、孩子群，他能很快体验到与他人交往的乐趣。但这一点对一些妈妈来说，却并不那么容易。

有的妈妈会提前考察孩子们的特点，分出值得交往和不值得交往的类别来，然后带着孩子往值得交往的孩子跟前去，而对于她感觉不值得交往的孩子，则避而远之。

有的妈妈则是根据自己的喜好来，自己喜欢哪个孩子，就催着自己的孩子去跟对方交往；自己不喜欢哪个孩子，也总会拉着孩子远离他。

还有的妈妈更喜欢带孩子去找年龄大的孩子玩，认为这样可以让孩子变得更成熟；而对于比自己孩子小的孩子，则远远地避开。

而且不管是哪一种妈妈，也都会提醒孩子去和谁玩、不要和谁玩，结果孩子的意愿完全被忽略了，孩子并不能自由地按照自己的喜好去与人交往。

不仅如此，很多妈妈会对孩子在交往过程中发生的各种事指手画脚，不管是发生争执了、遇到问题了，还是感觉遇到危险了，妈妈在一旁的呼喊、提醒、嘱咐，甚至是训斥总是不绝于耳，孩子便总也不能尽情地与他的朋友一起自由活动。

结果就造成了这样的局面：孩子想要和他希望结交的朋友一起玩，可妈妈却挑剔不断，并试图阻止，还试图介绍另外的孩子给自己的孩子；孩子希望和朋友们尽情玩耍，但总能听到妈妈在旁边的大呼小叫,让孩子不要碰这个不能摸那个,还总是提醒孩子"不许吵架""好好和小朋友玩",遇到事情妈妈一定会出现,帮着评判、解决问题。最终,孩子可能玩得并不尽兴,而妈妈也会觉得心很累。

按照这样发展,如果说孩子的交往能力能够得到提升,能与周围人好好相处,这也算是妈妈没白费苦心,但事实却并不是如我们所想的那样。因为自己的交往被妈妈强硬干涉,很多孩子是会跟妈妈赌气的,他会表示"我不喜欢和他们玩",进而又会拒绝去交往,如果玩耍过程中被干涉,他也会养成凡事都依赖妈妈来解决的习惯,长此以往,除了朋友越来越少,他在交往方面的能力也会随之退化。

你一定会说了:"我这不是怕他结交到坏朋友吗?而且他们都是小孩子,哪会处理问题呢?"

其实你错了,都不过是三四岁的孩子,哪里就有坏孩子了?你对朋友的评判标准来源于你的经验,你喜欢的朋友也是你自己喜欢的样子,这些都与孩子无关。孩子有他自己的性格,有他自己的意识,对朋友也有他自己的看法,你怎么就那么肯定孩子一定会学坏呢?至于说小孩子不会处理问题,你也错了,孩子处理问题的经验,正是他在一次次经历中学到的,你越是不放手让他自己去做,他越是不懂应该怎么解决问题。

孩子未来总是要去结交自己的朋友的,你介绍的、认可的,都只是你的想法。如果不尊重孩子的独立,不尊重孩子的看法,强硬干涉,那么你毁掉的不仅仅是孩子与朋友之间的友谊,更是他未来人际交往能力的发展。

所以在交友这方面,作为妈妈,你的发言权是有限的。你因为孩子不按照你的想法去做就吼叫一番,甚至粗暴干涉他的交友过程,这

第四章
孩子的强烈需求与妈妈的不能满足

也是让他感到不愉快的，他的反抗心理会更甚，但同时他对交友这个问题也会产生误解。

还有一种情况，来看这位妈妈讲的这样一次经历：

我去幼儿园接女儿回家，路上她告诉我："妈妈，我不喜欢和××（以 A 代替）玩，我喜欢和××（以 B 代替）玩。"

我问她："为什么不喜欢和 A 玩？"

她说："A 总是抓着我的衣服，我不喜欢。"

我说："哦，那好吧，你自己决定就好了。"

过了两天，我又去幼儿园接女儿时，看见她和 A 手拉手一起排队，走出园门口，两个人还拉着手，并说要一起去玩，如果不是 A 的妈妈说家里还有事，两个小家伙估计早就跑远了。

路上我问女儿："又喜欢 A 了吗？"

她点头："我最喜欢 A 了。"

"那 B 呢？"我继续问。

她毫无压力地说："也喜欢啊。我喜欢 B，喜欢 A，我们一起玩。"

这个时期的孩子，在很多事情上都是需要磨合才能继续发展的，交友也是如此。这位妈妈的处理是值得肯定的，她并不干涉孩子的喜好，也没有唠叨着给孩子解释"对所有小朋友要友善，要和所有小朋友做朋友"。她让孩子顺其自然，孩子也就有了自己去思考、接触并处理的机会，小小的友谊就这样慢慢建立起来了。而且，孩子对于讨厌和喜欢的感觉都是简单直接的，只要让他讨厌的感觉消除了，他就能立刻恢复到喜欢的状态。这显然是与我们成年人的理解所不同的，这也就意味着在很多情况下，他可能并不需要成年人帮他摆脱讨厌、建立喜欢，他就能通过自己的调节来让自己感到快乐。

很多妈妈在这方面也做得并不算到位，如果孩子说"不喜欢谁"，妈妈反倒觉得不好，总是向孩子强调"你要和大家做好朋友"。对于成年人来说，与所有人成为朋友都是不可能的，也就是说你自己都做不到的事，为什么要求孩子做到呢？

孩子有交友的希望，那么与谁交、怎么交，让他自己来决定就好了。你可以建议、可以提示，但唯独不要粗暴干涉。交友是一个互动的过程，孩子只有自己亲自体验，才能知道在与人相处过程中应该怎样去做。所以，你不要再考虑那么多，也没必要因为孩子不听从你的安排或者违逆你的提醒而发火吼叫，你应该在提醒孩子注意安全之后，安静地退到一旁，看他们彼此接触，彼此影响，看他们自己建立起友谊。

如果你还不放心，那倒不如想想回家之后你还可以教孩子些什么，比如，怎样与朋友相处、如何避免矛盾，如果出现争吵怎么处理，怎样提升孩子自身的礼仪，怎样培养孩子的好习惯。你要在孩子自身下功夫。当他提升了自我，自然也会交到与他自己相近的朋友。交友方面是有着"同性相吸"的特性的，所以我们并不需要过分担心。如此一来，孩子受益，而你也能轻松下来，何乐而不为？

23 孩子渴求情感 VS 妈妈说"你长大了"

——给予温暖的爱，别"欠债"

看到叛逆期，看到孩子对独立的要求，你以为孩子就此彻底脱离你了吗？

第四章
孩子的强烈需求与妈妈的不能满足

答案是完全否定的。事实上在这样一个时期里,孩子对妈妈的依赖反而会增加,因为他所有的独立行动,可能都是他人生的第一次,但他之所以敢如此做,就是因为他知道妈妈肯定会站在他的身后,所以他对妈妈的情感渴求依旧是强烈的。

但是,在之前对孩子百般用以"你还小"的妈妈,面对孩子此时的依赖,却又偏偏产生了把他往外推的心理,往往都会说一句"你长大了",然后拒绝孩子对自己的任何情感依赖。

从幼儿园回到家,孩子一进门就对妈妈说:"妈妈,抱抱。"

妈妈一边摆手躲开一边说:"哎呀,你都上幼儿园了,是大孩子了,怎么还总让抱呢?不抱!妈妈还忙着呢!"

孩子两手一张,抱住妈妈的腿说:"就抱抱嘛,妈妈抱抱。"

妈妈却强硬地把孩子的手掰开,立刻转移了话题:"你换衣服了吗?洗手了吗?晚上吃什么?"

孩子赌气走开了,坐在沙发上扭着头不说话。妈妈有些生气地提高了声音:"问你话呢,你晚上想吃什么?"

"哼,我就不吃!"孩子鼓着小脸只回了一句话。

妈妈彻底生气了,吼道:"你要干什么?真是没礼貌!不吃就饿着!"

孩子更生气了,但同时也伤心了,眼泪开始啪嗒啪嗒地掉下来。

原本只要一个简单的拥抱,孩子的情感心理得到满足,然后就是轻松愉快的家庭时间了,但这位妈妈却生生地破坏了气氛,最终反倒抱怨孩子"没礼貌"。

当你无法满足孩子情感渴求时,他自然会生气伤心。他之所以生气，是因为感觉到自己的情感没有得到满足；他之所以伤心，你不要怀疑，他是真的想到了"妈妈是不是不要我了，不爱我了"这样的内容。

叛逆期的孩子，自我意识发展飞速，他的很多想法都会让我们觉得吃惊，但在情感方面的需求，我们却不能吃惊。如果我们也像这位妈妈这样，忽然就给他扣一个"你是大孩子了"的帽子，以此来拒绝他在情感方面的任何需求，那么孩子一开始会伤心，如果次数再多，他也会变得冷漠，并变得更加叛逆。他的这些叛逆，可能都只是为了一个目的——吸引我们的注意力，这就是他表达情感渴求的最主要的方式了。

对于很多妈妈而言，一方面抱怨孩子年龄小不懂事，一方面却又觉得他长大了不需要被拥抱、被赋予更多的情感，这是非常矛盾的。有的妈妈可能会不耐烦地说："他不是小孩子了，我也快抱不动他了。再说他都上幼儿园了，还总是抱抱亲亲的，像什么样子啊？还有，应该做事的时候不专心，总黏着我，总想蹭抱抱，真是太幼稚了。"

其实你要注意到，那些经常黏着妈妈，总想缠着要抱抱亲亲的孩子，恰恰就是因为他内心情感的缺失，才导致了他的无比渴望。你不用担心你经常对孩子亲亲抱抱会养成他的坏毛病，那些表现得快乐平稳的孩子，一定都是在妈妈那里获得了足够的爱，所以才能勇敢地迈出自己的步子，并全神贯注地去做自己的事情。

所以当孩子过来向你渴求情感支持时，不要想太多，全力而温暖地回应他就好了。至于说你的担心，那都是自己多余的想法。孩子过来说抱抱，你只要张开怀抱，和他拥抱一下，让他感受到你在回应他的情感，他就已经满足了，之后他就会自己去做自己的事，绝不会再

第四章
孩子的强烈需求与妈妈的不能满足

缠着你不放,而且他对你的态度也会亲近很多,对于你要求他的事,他也会更乐意去做。

如果担心孩子太过黏缠,那么就要好好考虑一下自己的问题了。是不是很少与他在一起度过美好时光?是不是经常以各种借口推开他?是不是在他来找你玩耍的时候,你不是在工作就是在玩手机?如果之前对他没有付出足够多的温暖与爱,他以后就会不断通过各种方式来向你讨要回来。所以,在这件事上,千万不要"欠债",一旦欠下债,再弥补就难了。

有时候,孩子并不是在撒娇,他只是对来自妈妈的爱太过渴望了。作为妈妈,一定要意识到,不管孩子长到多大,妈妈对他的爱都是他生命中最重要的东西。而且,妈妈自己也要知道珍惜,这个愿意对你张开双手,并求抱抱他的孩子,总有一天会不再这么明显地表达他的情感,尤其是男孩,越长大他就越发给自己贴上"男子汉"的标签,并拒绝妈妈的亲密动作。所以在他还愿意和你亲近的时候,不要那么狠心地推开他,给他温暖,让他安心。

当然如果你实在忙碌得无暇顾及,也要好好跟孩子说,可不要吼叫一句"你是大孩子了"就打发了孩子。

有一位妈妈的做法,值得肯定:

她正忙着工作,孩子过来想要和她更贴近一些。她便停下手,转身对着孩子张开双臂,笑着说:"来,妈妈抱抱。妈妈抱一下之后,就让妈妈先好好工作,你自己去玩,一会儿妈妈就做完了。"孩子高兴地扑进她怀里,抱着她的脖子说:"我自己玩,让妈妈先忙。"说完,孩子从她怀里跑了出去,自己找出玩具玩了起来。

如果你一直推开孩子，情感的渴求会促使他反复来磨你；如果你满足了他，他也会变得善解人意。所以，不要忽视这一阶段里孩子的情感需求。越能让他感到满足，你和他都会变得快乐，你也能更轻松地去做自己的事情。

24 孩子活力四射 VS 妈妈无力应对
——越制止、拒绝，闹得就越欢

前面提到了叛逆期的孩子不能按时吃饭睡觉，这其实就是他活力四射的最直接的表现。这一阶段的孩子就好像有用不完的精力，妈妈却因为种种原因而跟不上他的节奏，结果事情的发展总是很糟糕，妈妈也似乎只能选择用吼叫来压制孩子以及缓解自己内心的烦躁了。

其实3岁后的孩子，身体各方面的发育比之前更迅速，除了身高、体重的变化，他的手脚也比以前变得更加灵活，随着活动能力的增强，与人的接触也越来越多，他会感觉每天有好多事情要做。而且，外界的新鲜事物对他的吸引力也在增加，那些有趣的、好玩的事情，会促使他变得更为兴奋。

但妈妈就完全不同了。孩子3岁左右时，很多妈妈正处在青壮年时期，正是需要努力工作、用心打理生活的时候，需要操心的事情会因为孩子而变多。有的妈妈此时可能还刚好正在孕育二胎或者刚好在照顾更小的孩子，照顾大一点的孩子，精力上略显力不从心。

此时，家庭生活就变成了这样一种状态：一边是不断接触新奇与有趣的事物，总在释放精力的孩子，一边是忙碌一整天疲惫不堪的妈

第四章
孩子的强烈需求与妈妈的不能满足

妈;孩子活泼得四处点火,还总要拉着妈妈跟他一起兴奋,可妈妈却累得不愿意多说多动,只想要好好歇歇,放松自己。这样的矛盾不断累积,最终妈妈可能会吼叫孩子"太闹了""不懂事",而孩子却因为叛逆期心理反而觉得自己的行为受到了约束,他更想要反抗,想要变得更为独立自由。

很多妈妈对孩子这旺盛的精力表示非常头疼。似乎只要玩起来,或者遇到他感兴趣的事情,他也就不知道饿、不知道困,更谈不上休息了。但如果不让孩子释放精力,强迫他安静下来,这也是不可能的,孩子总会寻找各种方式来消耗完精力。

比如,有的妈妈抱怨孩子很晚了都还不睡,担心他第二天起不了床。但他之所以不睡,就是因为精力还在,强制睡觉是很痛苦的。就算孩子听了你的话乖乖躺下了,但他一定不会乖乖闭上眼睛睡觉,而是翻来覆去,或者找寻各种机会来折腾一会儿,眼睛也会瞪得大大的,直到他慢慢耗尽精力,变得困倦,然后才能睡着。

很多时候正是因为妈妈对孩子约束太多,他没法自由地跑跳玩耍,精力自然也释放不出去了。

比如,有的妈妈觉得男孩子太闹,就强令他乖乖坐着,让他在家玩玩小玩具就算了,并不愿意放他出门;有的妈妈则觉得女孩子就应该老实一些,于是总批评孩子那过分活泼的行为,也会约束她的言行,这也使孩子不得不压制自我;还有的妈妈则是出于自身原因,"我不想出去""我还很忙"等就成了她们把孩子"拴"在家里或身边动弹不得的借口。

这样一来,也就怨不得孩子了,他好不容易得了空闲想要释放自我,当然是选择尽情玩耍了。往往那些被种种原因拴住的孩子,也会因为精力无处释放而开始"找茬儿",要么是在家里闹翻天,要么就反复"折磨"妈妈,妈妈越是制止、拒绝,他就越闹得欢。

事情都是有因才有果的。你觉得自己无力应对,所以你选择用吼叫来震慑孩子。可孩子之所以会变成这样,其主要原因也恰恰就在于你。

那么妈妈就真的无力应对了吗?没有什么事情是绝对的,就看你能不能调整自我了。依旧是要从你自己的心理上入手,不要总想着"孩子这么能闹,真烦人",而是应该换个角度来想,"孩子这么活泼有力才健康"。一个有活力的孩子,其思维行动将会更为灵活,行动中他的手脑协调能力也会得到更大的提升,这就意味着他的所有活动都是有意义的。

有的妈妈可能会担心孩子这么能闹是不是患有"多动症",其实,不能说爱动爱闹的孩子就是多动症。多了解一些这方面的医学常识,不要盲目地给孩子扣帽子,以免伤了他的心。

事实上,越是这些时候,做妈妈就越不能总从自己的"无力"去考虑,还是应该多想想怎样才能帮助孩子将精力释放出去,使得他的生活能恢复到正常的规律上来。

当然,3岁多的孩子大都应该上幼儿园了,幼儿园里会有很多活动,这是孩子释放精力的一个好去处,所以要趁着这个时间将孩子送进更专业的活动空间中去。而孩子不上幼儿园的时候,做妈妈的也要合理安排好自己的时间,除了工作和正常的生活时间之外,要让孩子有足够的玩耍时间段,多陪他出去走一走,做一做运动、游戏,增长他的见识,促进他的思考,调动他全身心的运动,让他的精力得到全面的释放。

第四章
孩子的强烈需求与妈妈的不能满足

也可以这么说，对于精力旺盛的孩子来说，妈妈阻止他"玩闹"时的吼叫就相当于对牛弹琴，他可能只会在你吼叫之后的几分钟里安静一会儿，但他体内的活跃因子，却一定会促使他做更多的事。因此，越是这个时候你才越应该平静自己的内心，需要注意的只是他及周围人、周围环境的安全，其他的尽管放手好了。孩子会找到自己感兴趣的事情，他会乐于动手动脑，不管是独自玩耍还是与朋友游戏。只要释放了精力，孩子自然会乖乖地回归好好吃饭、好好睡觉上来。

第五章
家庭及其他因素对妈妈心理的影响

"要不是因为孩子,谁愿意吼叫",这是很多妈妈对自己吼叫的一个解释,认为孩子才是导致吼叫的最主要原因。可实际上,你的生活里并不只有孩子,你的吼叫只是源自于你自己心理的变化,而这个变化却并不全因孩子带来。家庭因素、工作因素、人际因素等很多因素,都可能对你的心理造成影响,进而引发吼叫。

25 你的吼叫不一定是因为孩子
——必须直面的事实

把所有错误、问题都归结到孩子身上,这是很多妈妈都做过的事。尤其是情绪方面的变化,有相当一部分妈妈认为,孩子就是自己每次情绪爆发的导火索。可如果将吼叫背后的真正原因一项一项列出来的话,你会发现,你的很多吼叫并不全是孩子导致的,你的吼叫应该算是一种复杂因素所导致的情绪爆发。

比如,你在工作上遇到了问题,心生烦躁,又被领导批评了几句,你感到气愤;接着同事又和你起了点小争执,你更加暴躁;回家之后又发现丈夫的晚归或懒惰,你又发起了牢骚;最后你看到了孩子的一点小错误,终于你爆发了,开始吼叫孩子。

你看,最初的起因原本就是你自己的问题,可最终的结果,孩子

第五章
家庭及其他因素对妈妈心理的影响

却成了出气筒。之所以会如此,就是因为你还没有将孩子看成是一个独立的人,或者说你依然觉得他是依附于你而存在的生命。你将自己的怨气发泄到一个比你弱小的人身上,而且这个人还依旧依赖你、不会抛弃你,这让你变得有些肆无忌惮,因此你也就口无遮拦。

虽然看上去很残忍,可事实上很多妈妈却的确是这样表现的。

这就是在提醒你,是时候好好检查一下自我了,不要把所有的吼叫都归结为孩子出了问题。当孩子到了叛逆期,一些妈妈似乎更有理由吼叫了。但叛逆期也不是孩子自我选择要经历的,这只是他成长发育中一个不可越过的环节,他自己都不知道自己已经进入了叛逆期,只是顺应了成长规律的发展而自行发展。如果你心平气和地看待孩子的所有表现,就能发现他行为背后的意义。

只能说,孩子的某些问题,是压垮你的最后一根稻草,导致你的全面爆发。但你要清楚地意识到,这并不是因为孩子而引起的,所以不能把所有的火气都发泄到孩子的身上。

也就是说,你要将你可能遇到的问题归归类,工作上的、生活上的、家庭以外的、家庭中的、成年人的、孩子的……这些问题类别有助于你将问题和矛盾区分开来,使你可以清晰判定自己情绪的来源。这样,当我们再遇到孩子的错误或问题时,也就不会将前面积攒的情绪都在孩子身上爆发出来了。

前面也提到一种情况——孩子完全是无辜的。比如这位妈妈的经历:

和丈夫闹了矛盾,争执了几句,内心烦躁得不行,走出卧室的时候看到孩子正看动画片,一动不动,专心至极,内心忽然就涌上来一股火气,对着孩子吼了一句:"你看多久了?这样看不要眼睛了?喝水没有？回头咳嗽了又来折磨人！一个两个的，都让人不省心！烦死了！"

孩子做了什么吗？没有，他乖乖地享受动画片的乐趣，也没有打扰谁，也没有做什么胡闹的动作，就这样反倒挨了一顿吼，这就是妈妈的迁怒。能说这个吼叫也是因为孩子吗？这可真是牵强了吧！所以，你对情绪的掌控，左右了你是否会随时爆发怒吼，只有处理好自我，控制好自我，你才不会这样如机关枪乱射一般。

有的妈妈会这样想："正因为孩子的捣乱，我的生活才如此忙乱。"

能有这种想法的妈妈，本身就是一个忙乱的人，即便没有孩子，她也一样会陷入烦躁中。导致你情绪不好的原因多种多样，孩子只是其中一种。如果你感觉做什么都手忙脚乱，应该先从自身处理事情的能力开始入手，看看自己是不是有什么思想负担，或者有什么问题压力。解决了自身问题，才能更好地安排生活和工作。当生活与工作都能得心应手时，自然就能集中应对孩子的问题，也就不会再吼叫了。

所以，我们还是要先搞清楚到底为什么自己情绪不佳。如果不能控制自己对孩子发火，那就先远离孩子，自己一个人安静地待一会儿，回忆一下之前都发生了什么事情，找找解决问题的办法。当我们能让事情有所转机时，情绪自然也就平和下来了。

越是这个时候，越要和家里人尤其是先生搞好关系，不妨向他倾诉表达，让他人来帮你理清情绪，帮你想办法，也许更有助于解决问题。

没有什么事是解决不了的，所以也不要把自己逼得太紧，也要给自己寻一些可以释放情绪、改善情绪的方法，养成一些兴趣爱好，养成良好的习惯，让自己能更快地走出这情绪低迷期，从而避免对孩子的牵连或误伤。

第五章
家庭及其他因素对妈妈心理的影响

26　家庭矛盾影响你的理智

——要努力规避的三大矛盾

最容易导致妈妈情绪波动的事情，当属家庭矛盾。不管是与长辈之间的矛盾，还是夫妻之间的矛盾，或者是家庭成员彼此之间的矛盾，都会让人感到心烦意乱。家庭生活的不和谐，会让整个家庭中都充满阴沉的气息，几乎所有家庭成员的情绪都将受到影响。

第一，与长辈间的矛盾。

不少家庭都是老中少三代一起居住的。和长辈住在一起，虽然可以及时行孝，让长辈享受天伦之乐，但一些长辈的生活习惯、对事物的认知、脾性特点往往是带有其独特的时代特色的，与新时代环境下成长的我们，以及更新时代出生的孩子，都会存在一定程度的差异。

比如，很多长辈生活会节俭一些，觉得手中有余钱存在银行心里会更踏实；但年轻一代可能会把钱财应用到当下每一个需要用钱的地方，或者去买一些理财产品，或者贷款去买一些东西。对此，长辈可能认为是一种浪费，或是寅吃卯粮，而年轻一代也会觉得长辈思想太过于保守。

而与长辈之间最主要的矛盾之一，就是在孩子教育问题上的矛盾。很多长辈内心都会有这样一种想法："按照我的想法，我也把你养大成人了，你也成家立业、结婚生子了，事业、生活都还不错，挺好，所以我继续帮你养你的孩子，教育你的孩子，也是没问题的。"而作为小一辈的我们，因为处在一个飞速发展的时代，接触到更多的新生事物，在教育方面会有更多新的见解，一些年轻人也很想要一些全新的教育尝试。当老式教育与新生理念相碰撞时，自然就会产生矛盾。老一辈人嫌弃年轻一代不稳重，年轻一代则会嫌弃长辈老古板。

与长辈之间的矛盾会让我们感到很无奈，但对待长辈不能赌气，不能暴躁，更不能恶语相向。可彼此意见的不统一却又让人抓狂：年轻一代没法继续做自己想做的事情，孩子也可能因为长辈的维护而变得不再听从父母的教育。

第二，夫妻之间的矛盾。

一个家庭是不是和谐美满，很大程度上取决于夫妻之间的关系是否和谐。夫妻之间若是能彼此理解、互相包容，在很多事情上能保持意见统一，那么家中很多问题会迎刃而解，且不会轻易出现矛盾。

夫妻间可能会因为各种问题而产生矛盾，如果夫妻关系紧张，任何一件小事都可能导致夫妻争吵。就拿孩子的教育来说，如果夫妻彼此没有达成一致，采取不同的教育方式，那么孩子的表现就可能成为夫妻之间争斗的焦点。夫妻两人都想向对方证明自己才是正确的，结果对孩子的教育可能就会被抛在一边，两人反而都开始为了自己更胜一筹而努力了。

这样的矛盾对孩子是一种伤害，他无法把握自己的态度，不知道到底应该听谁的。而孩子又有一种追求舒服的本能，所以谁的教育让他更宽松、自由、开心，他会更听从于谁，哪怕这种教育是错误的。而孩子的这种选择恰恰更会加深夫妻之间的矛盾，所以这也是一个恶性循环。

第三，家庭成员彼此的矛盾。

有时候家里的成员之间也会爆发矛盾，可能与我们无关，也可能将我们牵连进去。但不管哪一种，终归是有矛盾就会影响气氛，若是家人再开始拉拢支持自己的人，那么家中可能会被分为几个派别，这种四分五裂的相处方式，也同样会让人感觉烦躁不堪。

比如，如果家里长辈之间闹了矛盾，我们不仅要了解事情经过，还要帮忙劝解。如果长辈固执不听劝，这对我们来说也是一种烦恼。如果劝解不当，没准儿长辈还会迁怒到我们，从而引发自己与长辈之间的矛盾。

如果家庭矛盾不解决，很多问题就会横亘在我们心间，不管做什么事都会感觉有障碍，内心也会总压着一件事。再看到孩子的时候，就会感觉非常烦躁，很多人会忍不住这样说："我自己就够烦的了，你还不听话，还来找事，还来烦我。"这就是自身情绪不稳定的表现，已经开始有了向孩子发泄怨气的苗头。

综上所述，家庭中任何一个关系环节出了矛盾，都会给人带来坏情绪，我们又自觉在其中起到关键性的关联作用，所以会觉得矛盾不断累加，让自己无比烦躁，进而就会吼叫。而这时候的吼叫，也并不会特定针对孩子，只不过刚好也处在叛逆期的孩子，总会用自己的叛逆言行来捣乱，也就恰恰触到了我们的霉头。那么要解决吼叫，也需要先从家庭矛盾这个问题源头入手。

27　原生家庭遗留的吼叫"传统"

——走出阴影，不再"继承"

人们经常说：父母是原件，孩子就是复印件；复印件如果出了问题，首先就要去找原件来检查；只有原件改正了问题，复印件的错误才能得到修复。这很有道理，其实这就是在提醒我们，孩子会模仿我们，而我们多半也是在模仿自己的父母。

如果原生家庭中，父母就有吼叫的习惯，那么你在潜移默化中，也将习惯于运用吼叫来应对各种问题。

有一位女士就曾这样说：

我自己也已经是一位妈妈了，但直到现在我依然忘不了妈妈在我成长过程中吼叫的样子，甚至现在，如果遇到什么事，她脾气一上来，也依旧会对着我大吼大叫。

遗憾的是，我似乎也受到了妈妈的影响，现在我对待自己的孩子，有时也会脾气暴躁，忍不住大吼出声。可每当平静下来去回忆时，我都会惊讶地发现，我吼叫的内容，包括动作、表情，都和我妈如出一辙。

我不知道是不是妈妈对我的影响太过于深刻，还是她暴躁的脾气遗传给了我。其实每次吼叫之后，我都会后悔，并提醒自己，下次一定不能这样吼叫了。但是事到临头，我还是会想起妈妈对我的吼叫，似乎它们已经在我的内心深处根深蒂固，任由我随时拿取。

这位妈妈的经历确实令人遗憾。但不得不承认，妈妈的吼叫的确会在孩子内心留下印象，如果面对的是有吼叫习惯的妈妈，那么孩子对这吼叫的印象也会更加深刻。这个孩子长大后做了妈妈，再遇到类似的事情，也会回想起妈妈吼叫的处理方式，并照猫画虎，直到完全学到"精髓"。

这种来自于原生家庭的吼叫"传承"，其实最让人痛苦。很多妈妈自己就经历了被吼叫的难受过程，可是遇到问题，也会下意识地先

第五章
家庭及其他因素对妈妈心理的影响

去选择自己妈妈用过的吼叫方式，足见这影响的深刻。

另一位妈妈是这样说的：

我当然知道吼叫不好。有时候我对着孩子吼叫，妈妈却还会说我，训斥我"你对着他大吼什么"，但她自己却依旧使用这样吼叫的语气来说话。我感到很痛苦，吼叫着反驳，或者吼叫着让自己发泄，却又会引发妈妈新一轮的训斥吼叫。

我特别想跟妈妈说，是她影响了我。但我也知道，如果这样说了，那么被吼叫的一定还是我，然后我又将学会新的吼叫内容。

这位妈妈的话语之间，满是矛盾与痛苦：一方面是想要发泄，一方面却又不得不顺从，另一方面却又"传承"了坏习惯。这样的妈妈如果自己找不到纾解的方法，又怎能不充满烦恼呢？

其实很多长辈自身是没有意识到吼叫会给子女带来负面影响的。如今，我们对此有了了解，那就应该有意识地避免这种情况的再发生。

长辈们过去的吼叫让我们有了内心伤痛，我们并不愿意让孩子也体会到这种伤痛。既然如此，我们就应该选择用成年人的方式去思考，回忆那些触发自己吼叫的因素，看看是不是与自己童年的经历有关联。但是，这种回忆并不是去寻找痛苦，而是要去思考行为与思想、情感之间的关系。

比如，孩子弄脏了沙发，你对他吼叫，这让你联想起自己儿时的经历，父母对幼小的你有着保持整洁的要求，那么你洞察到的就是自己的这一需求，你不过是希望孩子也能保持整洁。当你了解到这一点时，你也就没必要吼叫了，可以选择更合适的方法来开展教育，这样你就躲开了对父母吼叫式教育的"传承",而是选择了属于自己的做父母的方式。

不管怎么说,长辈如此生活、保持如此的脾性已经过了大半辈子,即便我们抱怨、痛苦,他们的人生恐怕也不会有多大改变,所以我们倒不如在清醒的意识下,打破吼叫的死结。

你可以思考这样一些问题:

你是否经常被吼叫?

家中吼叫的内容是否刺痛过你的心?

你对吼叫的感觉是怎样的?

你认同那些吼叫内容吗?

你是否因为这些吼叫而对自己感到失望?

家中长辈是否因为对你吼叫而有过歉意?

过去的吼叫对你后来的成长产生了怎样的影响?

你有没有"继承"父母的吼叫方式?

……

经过这样的思考,你可以找一找小时候被吼叫的原因,直面自己的过去,这会帮助你正视自己的伤痛。只有走出过去的阴影,你才能打破从原生家庭那里继承而来的吼叫传统。

总之,不要将自己被吼叫的经历当成是一种负担,尤其是不要错误地认为吼叫是正常的。你内心的压力可能有很大一部分就来源于父母对你的吼叫,你不要再将同样的压力释放到孩子身上,孩子没有义务承担你儿时就积压起来的心理负担。如果你吼叫之后会有悔意,也会对自己的儿时有联想,那就意味着你其实是想要有所改变的,这是好事,那你就应该将全部注意力都投放在改变上,试着解析过去,试着过好当下，试着看宽未来。当你经历过几次不吼不叫之后，你也能慢慢习惯这种平和的教育方式；当你甩掉了过去的压力时，你也能给孩子带来幸福的人生。

28　你的身体出问题了吗？
——生理问题与病理变化

人的情绪与身体的健康状态有紧密联系。健康的身体自然会给人带来好情绪，而身体一旦出了问题，病痛也会让人的情绪变差，此时若再碰上孩子的叛逆期，矛盾也就一触即发了。

对于女性来说，身体的问题包括两个方面：生理上的与病理上的。

第一，生理上的问题。

这里所说生理上的问题，特指女性的生理期。每到这一时期，很多女性就会变得相当"神经质"，情绪非常敏感易变，可能一丁点儿小事都能导致愤怒，爆发吼叫。

这实际上是由女性的内分泌所导致的。荷尔蒙和黄体素是控制女性内分泌的两种激素。荷尔蒙代表着雌性激素，黄体素则代表雄性激素。荷尔蒙促进女性发育、刺激细胞代谢，帮助女性显现各种女性的生理特征；黄体素则帮助稳定子宫与受孕，在子宫的内膜中就含有大量的黄体素。

在生理期前大概一周左右，女性体内这两种激素的含量就开始下降，从而导致身体出现一系列相应的表征。于是女性便进入了暴躁期,这一时期你会显得非常没有耐心,脾气也随之变差,动不动就要爆发一场。

生理期到来后,黄体素随着子宫内膜的排出也迅速消失,女性体内两种激素的含量也就降到了最低值,你整个身体都会感觉轻松起来。

了解完这样一个过程,你就应该对自己的生理期划定一个警戒线,要了解和掌控自己的生理期,这样你就能更准确地察觉因为生理改变而给你带来的情绪变化了。

一般来说女性生理期的持续时间是 3~7 天,周期在 21~35 天。而你的情绪变化,可能就会从生理期开始前几天一直延续到生理期结束,一般是 10~15 天。

那么你就要计算好自己的生理周期,每当生理期快要来临前,就要提醒自己开始注意情绪问题,并尽量在这段时间里多做一些让自己感到愉快的事情。同时调理身体,不要积压大量的问题,不管是生活上还是工作上,都要尽量安排好计划,减少问题出现的次数。

如果你觉得自己无法很好地控制情绪,那么你也可以告诉孩子:"未来几天妈妈的情绪会不太好,所以希望你能乖一些,并能体谅妈妈。"提前给他打好预防针,他也会注意收敛自己的行为。

除此之外,你最好也能和自己的伴侣商量好,提醒他在那几天多一些宽容与理解,帮你多做一些事,让你有足够的休息与喘息,从而减少情绪波动的机会,以顺利度过这段特殊时间。

第二,病理上的变化。

人吃五谷杂粮,免不了要生大病小病。天气变化、过度操劳或者其他原因,都有可能让你染上疾病或经历伤痛。疾病或伤痛的到来,

第五章
家庭及其他因素对妈妈心理的影响

除了极个别的特殊情况，其实都是你自己的身体出了问题。就算你怎么痛苦怎么疼，这也是你自己身体的事情，与别人是没有关系的，特别是与孩子是没有关系的。所以不要将坏情绪都丢给孩子，对着他发火是最不理智的行为。

有的妈妈用自己的病症来吓唬孩子，一张口就是"妈妈生病了，妈妈好不了了，你要是再不听话，就见不到妈妈了"。对于才3岁左右的孩子来说，这样的话是非常恐怖的。这段话出来不会起到让他变乖的作用，反而会让他变得慌张起来，严重的还有可能让孩子因为惊吓也生病，还有可能给他的心理带来伤害。当然，也有一种可能，有的3岁孩子根本就听不进去，或者听不懂，或者是听得似懂非懂而无动于衷，那该难过的就是你了，因为你会认为孩子居然这么"冷漠"，简直让你心寒。其实，这都是自己找的，孩子真的很无辜。

有的妈妈借助病来威胁孩子，会说："你看我都病了，你还这么气我，你想让妈妈病得更严重吗？"这样的表达也会给孩子带来心理负担。因为他本身是无能为力的，他不知道应该怎么办，他想的是你生病了，绝对不会想到你在借助病痛来敲打他，他还没有那么复杂的思考和联想能力。你总是这样表达，他就会陷入苦恼与难过之中，也会产生巨大的心理压力。

还有的妈妈会反过来欺骗孩子："你不捣乱了，我的病就好了。"孩子信了，果然乖乖的了，可是你依然不见好。他觉得自己受到了欺骗，你认为他还会听从你的教育吗？

所以，要正视自己，正视疾病。自己生病了就要归结自己的原因，积极配合治疗，保持乐观，不要每日总是愁眉苦脸，总是让孩子看到你难过的样子，更不要总向孩子反复说明"我很难受，你看妈妈这么难受,你应该体谅我",否则这就相当于在向孩子索取关心,但他是不明白的。你反复地表达痛苦,他的情绪也会受到影响,但他只会表现出害怕来,却不一定能想得起来关心妈妈。

因此要让孩子看到妈妈不妥协、不放弃的样子。有病了就积极治疗,好好吃药,并让他看到你努力战胜疾病的状态,积极地去生活,积极地去面对困难。他也会想要学习这样的状态,并努力在你面前展现他的乐观。

身体遇到问题,这是每个人都会经历的事情,而且身体能不能向好的方向发展,关键就看你是不是能乐观以待。只有你主动努力去调节,身体才会顺应你的意向。当然,如果你实在觉得身体不舒服,也可以先躲开孩子,将他交给家里其他人,自己平静一下;如果只有你自己独自带着他,那就给他一些事情做,然后让自己的心情放空,好好平复一下情绪,好好调养身体,接着再去好好生活。

29 你糟糕的处事能力与人际关系
——别让孩子成为无辜的"受气包"

除了家庭之中的各种大事小情会给我们带来烦恼之外,当我们走出家门,走进社会中,更多的烦恼也会扑面而来。如果没有良好的处事能力,不能很好地处理人际关系,那么我们在这个社会也将举步维艰,遇到的难题,遭遇的争执,都会让我们的心情变得无比糟糕,挫败感与被排斥感也将让我们的负面情绪不断累积。

带着负面情绪回家,如果再看到孩子犯了错误,或者他违抗了要

第五章
家庭及其他因素对妈妈心理的影响

求,我们的怒火可能会在一瞬间被点燃,在外受到的委屈也将借此机会一并发泄出来。

因为工作和其他一些事情,一位妈妈和同事闹了矛盾,气鼓鼓地进了家门,把包往沙发上一摔,自己一个人生起了闷气。

听见动静的孩子,从自己屋子里跑出来,满心欢喜地想要找妈妈抱抱,结果妈妈却冷着脸吼道:"离我远一点!没看见我很烦吗?"

孩子脸上的笑立刻消失了,小心翼翼地站在原地,不时偷眼看看妈妈。见妈妈真的不理自己,他也有些不高兴了,自己到一边拿起了玩具。因为心情也不好了,孩子拿着玩具摔打了几下。妈妈一看立刻就火了,对着孩子大吼起来:"你干什么?疯了?妈妈这么难过,你还在一旁捣乱,欠揍了是吧?"

看到妈妈的手都扬了起来,孩子缩了缩脖子,眼泪掉了下来。

孩子相当于遭受了一次无妄之灾,原本满心欢喜,却轻易地被妈妈满满的负面情绪淹没了。孩子发泄自己情绪的行为,其实这是妈妈泄愤行为的翻版,而妈妈却借此找到了发泄的由头,愤怒也就一触即发了。

遇到问题,很多人都想要回家疗一疗伤,这是可以理解的。最亲密的家人,可能会看到我们的问题,也可能会给出比较合理的建议和意见。

但是作为妈妈,要意识到家里还有孩子,可以把问题带回来,可不能把情绪也一并带回来。尤其是有一些妈妈,在外对待别人的时候,尚且还能留得几分理智在,可一回到了家,面对孩子,面对其他家人,却会完全爆发,一丝理智都不留,真的就像发疯一般。

越是这个时候,其实越应该考虑一下自身的问题:为什么自己会如此气愤?其实你真正愤怒的,并不是孩子当下的表现,你懊恼于自己没有处理好事情,愤怒于与同事之间那糟糕的人际关系。因为没有能力解决这些问题,所以就只剩下了不断在内心反复回想糟糕的场景,然后不断积累负面情绪。

这时候最应该做的是寻找自己的问题到底在哪里。应该看看自己到底做错了什么,哪里存在不足,这些缺点应该怎样去弥补,要注意到自己处事时的想法、方法有哪些问题,也要考虑到人与人之间的交往过程,自己到底做到了哪些,没做到哪些。

处事能力是需要耐心培养的,要多学习,多磨练自己,多向他人请教,然后才能找到属于自己的办事方向与方法。只有不断充实自己,才可能应对更多的问题。而人际关系就更是要在不断地磨练中才能掌握好的。同样要提升自我,培养自己良好的个人素养,尤其是要控制好自己的脾气,多结交益友,少与人勾心斗角,坚持做好自己,友善对待他人,相信自己的交际能力也会提升。

显然,不管是处事能力还是交往能力,都是与自己有关的,都是需要自己去努力的,这些都与孩子无关。

所以,在回家之前,可以把这些问题留存下来,然后尽量调节情绪。回家之后看到孩子,要让孩子感受到温暖,他可能一天都没有看见妈妈了,这时候最需要的是温暖的拥抱与关心,他并不喜欢迎接妈妈的愤怒。

如果实在觉得自己情绪难平,也可以直接告诉孩子:"宝贝,妈妈现在感觉不太好,想要一个人待一会儿。"孩子并非不通事理,他其实从很小时候起就已经具备同理心了,他会从妈妈的表情、动作和

第五章
家庭及其他因素对妈妈心理的影响

周身的氛围中感受到妈妈情绪的变化。所以,你只要如实告诉他自己需要安静,他也会愿意给你几分钟安静时间。

其实孩子是可以成为你的开心果的。你觉得内心烦躁的时候,看看孩子的游戏,看看他的笑脸,听听他兴高采烈地讲他觉得有意思的事,也许心情就会变好。但要实现这一点的关键,就是要暂时先放下那些烦心事,要能看见孩子的可爱,而不是带着烦躁心理去找寻他身上的问题。

在内心深处,你应该有一个坚定的信念,那就是要向孩子展现出一个坚强的、乐观的、不服输的妈妈,而不是遇到事情就大发脾气、向他人发火,只知道对着比自己弱小的人撒气的人。孩子会看着你的样子来学习生活,仅这一点,你也不希望看到未来你的孩子只会用吼叫来发泄怒气,而不会用智慧去解决问题吧?

所以,成为一个有智慧的妈妈,就要好好处理发生在自己身上的任何问题。不要害怕有问题,而要学会理智地面对和应对问题。如此一来,不吼叫的你,会让孩子也能明白,生活本就是有喜怒哀乐的,但是只要坚强乐观应对,一切都不是问题,他也会跟着你变得坚强乐观起来。

第三部分 不吼不叫
——孩子状况不断，妈妈巧妙应对

03

孩子的成长原本就不是一个平淡无奇的过程，各种各样的状况会接连出现。如果你没有从一开始就做好准备，生活很容易被他这不断袭来的各种状况所干扰，情绪也会被这种种突如其来的变化所牵动。

孩子的很多表现不能简单地被归结为错误，任何训斥、吼叫、责骂、打压、控制等都是不妥当的，这相当于是对孩子成长变化的一种变相的阻碍。作为成年人，我们必须表现得成熟一些，理性一些，智慧一些，以最快的速度调整自己的状态，才能做到不吼不叫，巧妙应对。

第六章
不以评判的眼光看待孩子

对于孩子的成长变化,很多成年人都在自己的内心提前设定好一个又一个的评判标准,然后直接拿来与孩子进行比对。如果孩子没有达到这个标准,便觉得他犯了错误,是需要被纠正教育的。但是,这种仅出自于成年人的个人感觉,却可能违背孩子的自然成长,因此而来的吼叫也是无效的。所以,如何正确看待孩子,也是一门精深的学问。

30 孩子有内在的成长规律
——带着敬畏心,体悟孩子的成长

培养出一个自己"理想中的好孩子",这是很多妈妈内心的一种期盼。妈妈总希望通过自己的努力,通过自己的干预,来引导孩子有好的发展。这种愿望是美好的,但盲目干预的结果却往往令人难过,不仅孩子难过,妈妈自己也会难过。

就像有的妈妈说的那样,孩子总是不按照自己的安排去行动,也总是与自己的预想有很大的偏差。为了让孩子听话,为了纠正这样的偏差,一些妈妈会非常努力地在孩子的生活中建立自己所认可的规矩。如果孩子表现出反抗,或者可能只是不情愿,就会换来妈妈的不满,轻则反复强调,重则训斥吼叫。

可我们是不是忘记了一点,孩子也是一个独立的个体,他有自己内在的成长规律。如果被人横加干涉，他是不是习惯，是不是喜欢，是不是愿意，是不是能接受，是不是能顺从并有所改变？这些都是不能肯定的事情。如果我们只顾着顺应自己的意愿，忽略了自然的规律，不仅孩子会因为成长规律被打乱而变得茫然或者混乱，我们的教育也将无从下手。

比如，有些妈妈争强好胜的心思非常重，教育孩子的时候也是如此，总是千方百计希望孩子能表现得比别的孩子好一些，至少不能比别的孩子差。于是，妈妈便以孩子"走路早、说话早、诗歌背得多、儿歌唱得多"等一系列的表现为荣。

这样的妈妈会表现出对早教的一种超乎寻常的"热爱"，会强迫自己去生活中发现各种教育"契机"，不停地对孩子说话，不停地要孩子辨别声音、颜色，没完没了地告诉孩子"这是什么、那是什么"，反复要求孩子记住大道理，"懂礼貌""要懂事""不说不是好孩子"之类的话会不断地在孩子耳边回响……

然而，妈妈这样做，却扰乱了孩子正常的成长节奏。孩子在需要安静的时候得不到安宁，在不想接纳信息的时候被强迫灌输内容。也许一开始他表现出顺从妈妈的指示是出于好奇，可时间久了，他也会变得厌烦，并进而用不合作来予以抵抗。

而孩子一旦出现这种不好好表现的样子，妈妈会感到生气，若是再与周围孩子对比，发现孩子表现不如他人了，就会更加焦虑，进而认为是自己的教育出了问题，也认为是孩子不听话、不努力。

这就好比使用电脑，一个程序没有安装完毕时，电脑是无法运行这个程序的。孩子成长过程中会自动打开一个又一个程序的安装过程，如果强制安装，他反而可能会因为程序混乱而出现问题。

第六章
不以评判的眼光看待孩子

还有一些妈妈因为自己孩子与其他孩子不能同步而忧心不已。

一位妈妈在幼儿园的家长私聊群中发言说:"今天幼儿园新教了儿歌吧,谁的孩子会背,给我背个全的吧!"

群里热心的爸爸妈妈,录了自己孩子背诵的完整的儿歌,发了语音消息。

接着,这位妈妈在底下便回复说:"真好啊,你们的孩子都会背了。我儿子就会前两句,真是笨死了!你们都回家又教孩子吗?他总是比别人慢半拍,真愁人。"

其他的爸爸妈妈纷纷安慰,但这位妈妈却说:"他就是不行,做什么都慢。我先学会,然后晚上好好教教他。这以后要总这么慢,得比别的孩子少学多少东西啊!"

真是一个着急的妈妈啊!不过是背一首儿歌而已,也不是什么大事。孩子的成长需要一定的自由空间,需要遵循自己的规律。所谓"自己的规律",是指每一个孩子独特的成长规律。可以说每一个孩子与其他孩子的成长规律都是不完全相同的,不能刻意要求孩子必须要和书上写的一样,和别的孩子一模一样,这是我们无论怎样强求都很难实现的事。

就拿最简单的说话来说,有的孩子开口早,有的孩子开口晚,但我们并不能因此就判断开口早的孩子一定是神童,更不能说开口晚的孩子就是蠢材。中国老话讲"贵人语迟"不是没有道理的。那些感受到自己的需求能被妈妈合理满足,并且妈妈能与自己心意相通的孩子,自然会遵循发展规律,一步步地走到开口讲话的时候;而那些总也无法得到妈妈的满足,不能为妈妈所感知自己需求,一旦哭闹就会被责骂的孩子，才可能会因为迫于"生存压力"，才赶快开口说话，以便让妈妈知道自己到底需要什么。

当然这样的说法并不是绝对的，也不能否认这其中也是有一定道理的。其实，最好的教育就是不那么刻意地去教育，你越是着急，就越会导致孩子出现一些非正常状态下的成长，就好比是先天发育不良的幼苗，日后一定会出问题。

孩子的世界是神秘的，尽管你是他的妈妈，可他的精神世界却也并没有为你所全部掌握，而且你也没有必要去做那么全面的掌控。你应该时常放下内心的那种紧张与功利心，用一种随意的、顺其自然的态度，带着一种敬畏之心，去体悟孩子的成长。

31 不违原则，放开限制
——解放孩子的手脚与心灵

很多妈妈都有过这样的经历：越是限制、约束孩子不要去做的事情，孩子越是千方百计地去做。但有时候，你又会发现，有些事情在孩子眼中变得很自然，哪怕你不去催促、不去阻止，他自己也会对自己有所限制。

一位妈妈讲了这样一件小事：

我一直觉得小区里的健身器材并不适合孩子玩耍，又高又大。尤其是那个"太空漫步机"，双手握着横把，两只脚分别踩在左右踏板上，两脚前后用力就能摆动起来。这明显是按照成年人的尺寸来制作

第六章
不以评判的眼光看待孩子

的,对于三四岁的孩子来说,真是太庞大了。但是孩子却偏偏对那个东西感兴趣,她非常喜欢站到上面去荡。

看着个子矮小的孩子,伸着胳膊使劲攥着横把,两条腿用力,荡得高高的,我这心就总揪着,害怕她掉下来。

最开始我总是劝阻她不要去,"你会掉下来的""摔破了会疼""那是大人们玩的""你不能玩那个"。但是她每次都央求半天,而且每次经过必定要求去玩一玩。

后来我横了心,告诉她要抓住哪里,提醒她怎样是安全的,然后就放任她去玩了。奇妙的是,她从来没有掉下来过,小手每次都抓得紧紧的。如此玩过几次之后,再经过健身区,她也就是偶尔玩一下就算了,再没有强烈要求必须玩这一项,而她也熟练掌握了上下器械和怎样才能荡起来的技能,玩得开心,也再不会受到我的百般阻挠。

后来我想,之前孩子之所以如此执著,就是因为我的限制;而后来她又之所以不再执著,恐怕正是因为我放开了限制,她尽了兴的缘故吧!

这位妈妈后期的表现,就是在原则上放开了限制,她将原则规定为"保证自己的安全"。在这样的前提下,孩子自己也有了安全意识,既然能保证自己的安全,玩起来自然也就更尽兴了。

这是一个非常简单的道理,对于一个怎么也得不到的东西或者怎么都不能做的事情,孩子的意志力不足以帮助他抵抗诱惑,好奇心是他的天性,天性会促使他想要去接近、尝试,这是自然的引导。孩子,尤其是年龄小的孩子,他的生活就是由不断地去碰触、尝试组成的,他要通过接触到更多的事物来建立自己的生活轨道。所以放开限制才是正确的。

而那个原则，就是让我们安心，也能保证孩子安全的保障。定这个原则的我们就要把握好底线，不能太严苛，也不能太敷衍。应该根据孩子当下的状态、需求，结合我们自身的要求，制定出让双方都满意的原则。

一位妈妈在让孩子去游乐区玩耍之前和自己3岁多的孩子"约法三章"，内容很简单："不打、不扔、不喊、不闹"，意思就是提醒孩子不打人、不扔玩具、不大喊大叫、不随便胡闹。妈妈也和孩子说好了，就玩一个小时，时间到了，妈妈会喊他出来。

约好之后，妈妈便没再多说话。孩子偶有触犯，妈妈会寻找他的眼神。与他眼神交汇的时候，他便也明白了妈妈的意思，有所收敛。

有人说，这样的状态意味着孩子肯定是有好习惯的。没错，要实现这种原则之下的放开限制，的确需要我们好好去训练。但是要先训练自我，然后才能训练孩子。

我们要让自己回归一种接纳自然发展的状态，面对孩子不断增多的需求，要能快速调整接纳程度，提醒自己减少约束，多一些理解与换位思考。然后，再根据孩子当下的年龄特点、性格和性别特点，来归纳出此时孩子应该需要怎样的原则。把握住这些基础原则，再去看待孩子的表现，可能我们自身就会有一些变化，也就不会对他的任何举动都谨小慎微了。

同时我们也要信任孩子，在能确定自己把所有需要注意的事项都嘱咐到了之后，就要放手，让孩子尽情去体验，而不是即便放手也依然不放心地提醒。孩子只有尽情体验，才可能感到满足，并不会纠结。

第六章
不以评判的眼光看待孩子

对自己训练好了，我们再去培养孩子的好习惯也就会变得更加容易和自然。因为已经确定好了基本原则，那么我们给孩子划定的框框就会变成最基本的框框，而这些基本的框框，其实从很早前起我们就已经在不断地提醒孩子，所以他接受起来不会觉得陌生，这些内容将会在他头脑之中进一步加深。

而放开那些限制，会让他觉得束缚被放开了，就好似手脚与心灵同时获得了解放，他也会感到轻松愉悦。在这种状态下，他反而会对妈妈提出的那几点原则更加注意，自己也会开始积极主动地去约束自己。

32 先有尊重，再提规则
——孩子的认同感越强就越合作

有很多妈妈信奉"没有规矩，不成方圆"这句话。这句话本身没有问题，只不过在有些妈妈眼里，成了教育孩子的金科玉律。甚至从孩子很小时候开始，就用非常多且非常严格的规矩来约束他。

然而，孩子的成长是遵循自然规律的，有足够的爱的滋养，孩子就能自由发展，也会展现出无限的可能。这就会让一些妈妈感到疑惑了：如果不用规矩来约束，孩子岂不是会变得散漫无礼、无法无天吗？

可是，你有没有想过，你在孩子完全不知道是怎么一回事的情况下就制定出许多规则，约束他的成长，试图让他按照你的意愿前行，这难道不是一种伤害吗？

比如，你给孩子定下了什么时候吃饭、吃多少，穿什么样的衣服、玩什么样的玩具和游戏，可以跟谁、不可以跟谁交朋友，几点必须看书、洗漱、睡觉等一系列的规定。可严格说来，这些生活中的内容都是孩子自己的事，并不需要别人来为他细化规定到这样的程度。

有的妈妈说，我不过是想要帮助孩子养成良好的生活习惯，但是习惯的养成取决于个人的主动意愿，当然也离不开成人正确、合理的引导。而这种强迫式的完全没有孩子参与制定的规定，只能让他感到处处受束缚，而且他还会有自己的生活被侵犯的感受，这并不是什么愉快的体验。

很多成年人其实也有这样的苦恼。回想一下，有多少成年人直到三四十岁、自己孩子都挺大了，可一听到父母脚步声或开门声，还会下意识地把手机藏进被子里装睡，或者赶紧把玩的东西收起来抓本书看，又或者匆忙地丢下零食装作收拾东西？这其实就是因为当年父母定制的规则并没有让你形成习惯，而是让你产生了一种厌恶与恐惧。那冷冰冰的规则让你觉得非常不舒服，可是又因为来自于父母而不得不遵从，所以你总是频繁地在两种完全不同的表现中切换。

事实上，所有规则的前提都应该是尊重，你尊重对方的感受，也尊重自己的感受，并引导对方尊重你的感受，这样这个规则才能自动发展起来。给孩子制定某种规则，也是一样的道理。

每次刷牙洗脸的时候，孩子都是和妈妈一起的，妈妈快一些，孩子慢一些，经常会遇到妈妈刷完牙开始洗脸了，孩子却举着漱口杯要来接水。孩子每次都会插到妈妈手中间，有时候妈妈脸上还有泡沫，闭着眼睛根本看不到，两人总是手打架。

于是妈妈提醒孩子，等妈妈做完，然后她再来，但孩子却总记不

第六章
不以评判的眼光看待孩子

住,下次依然急匆匆地伸着杯子和牙刷就过来了。

直到有一次,妈妈说:"妈妈还没洗完,你突然伸手过来,让我觉得很挤也很急啊!如果你在洗手,我也去扰乱一下,你开心吗?"

孩子摇头说:"我不要,那我像在幼儿园那样排队好了。"

后来,孩子再没有和妈妈抢过水龙头,如果她慢了,她会在一旁或妈妈后面等着,直到妈妈让开水池。

一开始妈妈只是教给孩子规则,一遍遍强调,对此没有感受的孩子是无法体会的。但后来,妈妈调用了孩子的同理心,引导她去激发自身天然的感受力,不是用规则去约束她,而是自然地引出她对规则的认同感,让她自己决定怎么做。如此一来,孩子既尊重了自己的感受,又体验到了别人的感受,这是一种自尊与尊重他人的融合。

建立规则,尤其是在孩子面前建立规则,就要以尊重孩子为前提。你要意识到,如果孩子从中感受不到尊重,只感受到了被束缚、被训斥,那么他对这个规则会感觉到痛苦。

所以,我们不能只从自己的感受出发,不能只是自我感觉规则是有用的,要引导孩子也去了解和理解规则。有时候,与孩子一起学习规则并制定规则也是可行的,我们需要告诉孩子为什么会有这样的规则存在,这些规则可以帮助他实现怎样的状态。孩子只有意识到规则能被自己理解,并产生认同,他才乐于接纳这个规则。

孩子接纳了规则,就可以了吗?并没有这么简单。接纳并不等同于他愿意去遵守,尤其是有些妈妈还非常喜欢制定一些只针对孩子的规则,这无疑会让孩子感觉不到这是规则,反而会认为是惩罚。所以,比较合适的规则,应该是适用于全家人的,而非单独针对孩子的规则。全家人都要遵守规则,不论谁违反了规则,都要接受同等内容的惩罚。

这其实就是在让孩子感受到家庭对他的尊重，他很需要这样的平等，即便是两三岁的孩子，也会乐于见到"我与爸爸妈妈是一样"的情况。我们还可以和孩子来一场彼此监督，当他发现自己也可以指出爸爸妈妈的错误时，他会对那个规则有更强烈的认同感。当我们彼此都是规则的遵守者，能够彼此对照，彼此感同身受时，那么这个规则的发展就会自然、正常，而且孩子还可能会成为那个主动倡导并坚决贯彻执行规则的人。

33　有了爱才能培养好习惯
——换种表达方式，孩子更喜欢

每个人都有几种类型的习惯。一种是自觉养成的习惯，就是自己认为最舒服的状态，久而久之就形成了习惯。一种是听从他人好的建议养成的习惯，他人可能会如此说"这样做会让你变好"，从你的感受出发，于是你觉得这样的习惯养成很有"诱惑力"，也让你感觉到真的是对自己好，于是你尝试着养成。还有一种就是被迫的习惯，被人以"你如果不这样就不行了"的恐吓说辞吓唬着，不得不去养成习惯，可以说这也是一种"习惯下的习惯"，可是一旦没人看管或提醒了，这个习惯就被丢开了，甚至以破掉这个习惯而感到兴奋。

显然，自我养成的和那种充满善意提醒的习惯，是会让人有向好发展的可能的，而那种被逼迫养成的习惯，即便是好习惯，也会因为养成过程是一种被逼无奈的过程，而变得对那个习惯并不认同，会在

第六章
不以评判的眼光看待孩子

内心先建立起一层抗拒隔膜,甚至有人是做给他人看的,是一种欺骗他人、麻痹自己的表现。

那么现在可以回忆一下了,你在培养孩子习惯的时候,是一种怎样的状态呢?你的孩子,是在自主的、自愿的情况下去养成好习惯的吗?还是说,是你不断地吼叫着、逼迫着他去做的呢?

很多妈妈把吼叫催促孩子养成习惯当成是一种不得已而为之的行为,"不吼他,他就不可能养成好习惯"。你看,你从一开始就是一种强迫命令的样子,孩子从你所说的习惯中,或者说仅从你对待他的态度中感觉不到爱,他怎么愿意去接纳你没有爱的建议呢?

举一个简单的例子,要让孩子养成每天睡前刷牙的好习惯,怎么做?

一位妈妈说:"好好刷牙牙干净,虫虫都没地方藏啦,没有蛀牙,可以吃好多好吃的哦!"

另一位妈妈则说:"不刷牙,看虫子不咬烂你的牙,到时候你成'没牙佬',丑死了,也吃不了好东西,也没人喜欢你了。"

两种表达,仅从成年人的角度来看,你更喜欢哪个?几乎不用想的,一定是第一种表达。第一位妈妈的话语中满是爱,不管是话语内容还是情感体验,都会让人更舒服一些,是从对方的角度考虑的,是为了对方好而考虑的。第二位妈妈采取了吓唬的方式,话语中都是负能量,孩子会因此而恐惧,却不一定愿意养成好习惯,因为他的注意力都被"咬烂你""丑死了""不喜欢"这样的内容吸引了,他会一次次在吓唬中不得不去做刷牙这件事,而他以后可能反而会将刷牙看得过于重要,对牙齿的各种变化也会有一种莫名的恐惧。

你对孩子好习惯的培养，越是有充足的爱表现出来，孩子越能体会到爱，他会因为感到满足而想要好好表现，努力实现你的期望。你用充满爱的语言去表达，孩子会更愿意去接受，乐于按照你所说的去努力。

你清楚孩子对爱的需求和体验，孩子也知道你愿意付出爱并感受到你的爱，这样你们彼此都清楚对方的感受，那么不管是规则还是习惯，都会自然而然形成，是能引发孩子主动性的。那么孩子在这样的爱的氛围中，就能自由、主动地选择自己的需求，因为来源于自主，这个习惯会更为稳定且长远，而且也是为你所喜欢的。最终，他成了更好的自己，而你也将乐于见到他有不断向好的变化。

有的妈妈还是担忧，比如一位妈妈就说了"我的孩子，没法给他好脸，好好说，他就是不听；非得吼他，他才听得进去。我倒是想爱他，他也得让我爱得起来啊！他就是典型的牵着不走打着倒退。"这段话中充满了无奈与无力，显然是妈妈与孩子的执拗较上了劲，所以才会有这样的结果。

孩子并非不想被爱，他其实是习惯了被吼叫，习惯了用这样的方式来吸引妈妈的注意力。所以我们需要反思，只有先改变自己，才能让孩子改变"妈妈只会吼叫"的认知。爱的付出不一定只体现在好好说话上，平时多给予孩子一些关注，多肯定他的优点，再加上好好说话，学着自我调节并平复情绪，做到情绪平和，让孩子意识到你的改变，让他相信你的确是在对他表达爱，他才会逐渐放下心理防线，并愿意放松下来接纳这份爱，体会这份爱。

这个过程也需要时间，急躁不得。好好爱自己，培养自己的好习惯，然后好好爱孩子，才能让好习惯在孩子身上延续发展。

第六章
不以评判的眼光看待孩子

34 不强求与期待孩子的改变
——设法舒展孩子的身心

不管是定规矩还是培养好习惯,目的就是让孩子能有一个积极正向的发展。但是有的妈妈显然是有太过于强烈的期待了,恨不能在自己刚定出规矩的时候,或者刚开始提醒孩子要注意培养习惯的时候,他就必须要做到完美或近乎完美。

这种过分强求的心理,导致很多妈妈不知不觉中就用一种非常严苛的眼光来看待孩子了,会强烈期待他的变化。只要发现孩子没什么改变,妈妈就会变得很焦急;若是孩子不进反退,妈妈都可能会变得狂躁。

一位妈妈培养孩子自己收玩具的好习惯,从一开始就提醒孩子"你的玩具必须自己收起来,要做一个自己的事情自己做的好孩子"。

但3岁的孩子并不会"言出必行",今天他自己收拾了,明天就记不住了,很多时候他都需要提醒才去做,而有的时候即便提醒,他也不去做。

妈妈觉得自己的孩子一定是个忘性特别大的孩子,也是一个非常不听话的孩子。每次孩子不收拾玩具,她都会吼道:"你不长记性吗?脑子干什么用的?我说过多少遍了!你怎么这么不听话!"

被吼叫之后,孩子有时候会乖乖去收拾,但有时候也会拧起来,坚决不收拾,还有几次,孩子竟然对着妈妈吼道:"你别说我了!"

妈妈觉得很难过：孩子才3岁，就越来越不听话了，好习惯养不成，还知道顶嘴了。她为此烦躁无比。

这位妈妈的烦躁，正源于孩子没有"一键升级"。妈妈自以为说了很多遍，也提醒过孩子了，他就应该记住，但是，吼叫一番之后，他就有变化了吗？不会的，他只注意妈妈愤怒了，还有会习惯性地点头表示"记住了"，但实际上他什么都没记住，我们依然看不到他的变化，而且他还极有可能忘记你曾经规定过什么，提醒过什么，这也正是这个孩子"屡教不改"的原因所在。

就像看鱼缸里的鱼，你每天看它一眼，心里疑惑"怎么总也长不大呢"，可事实就是如此啊，鱼怎么可能因为你看几眼、你希望它长大，它就长大了呢？放在孩子身上也是一样的。

希望是什么？希望是源于你自己的想法，并不是孩子的。你强求的希望对于孩子来说反倒变成了负担，再加上你因为看不到成效而来的吼叫，孩子就会认为"我是不是不好""妈妈是不是不喜欢我了"。

你以为自己不过是希望孩子变好一点，却引出了他对自己的否定，如果一直这样发展下去，那他变好的希望可就真的变得渺茫了。

即便是父母，我们也不可能理解孩子所有行为背后到底是什么原因，即便打着尊重的旗号，可一旦我们动了心思，动了想要让他"有变化"的心思，那么我们原本的意愿就变得急切了，就会不自觉地带有催促，进而变成强迫，对孩子也就严格起来。孩子会从这一刻起，对爱的感受也就越来越淡，他的能量可能因此就被阻塞了。

怎么办？不强求，不去期待，一切顺其自然，就好了。

鱼缸里的鱼只要保证投喂，总有一天你会惊讶地发现，它长大了，变漂亮了。而看待孩子，你只要保证引导教育的路线是正确的，

第六章
不以评判的眼光看待孩子

原则是没问题的,那么剩下的就交给时间吧!随着时间的流逝,孩子的身上会慢慢地发生变化,而且是向好的变化,让你在某一天突然意识到的时候,也会感到惊讶。

孩子不应该被贴上各种标签,你不能人为地把他摆在各种奇怪的"起跑线"上,然后强迫他前行。孩子内在的成长规律,或者说每一个孩子独特的自我内在变化的规律,都是自成一派的,只要接收到周围环境合理的刺激,只要他能自由地伸展肢体与思维,他就会有变化。

很多妈妈太过着急,急着做一个能出成效的教育者,用"今日事今日毕"的心思来对孩子开展教育。但教育这件事,没有时间做沉淀又怎么可能见成效?试图立竿见影,到头来却可能逼迫孩子变成假装应付。

瑞士心理学家荣格说:"你连想改变别人的念头都不要有。作为老师,要学习像太阳一样,只是发出光和热,每个人对阳光的反应有不同,有人觉得刺眼,有人觉得温暖,有人甚至会躲开。种子破土发芽前没有任何迹象,那是因为还没到那个时间点。永远相信每个人都是自己的拯救者。"这段话虽然是说老师的,但对同为教育者的我们而言,也应该有所启示。其实当你想要去改变孩子的时候,你的内心投射的是自己的希望,而并没有看到孩子真实的状态。你觉得阳光正好,可孩子觉得阳光刺眼,他不想去晒,他的感受才是他成长所需要的,与你的感受没有关系。

所以,对待孩子的最好状态,就是不带评判心地去关注,你应该关心他的感受,关心他是不是真正有了自己的体验,而你只需要保证自己向他展开的教育是正向的、积极的,然后你耐心地过好自己的生活,耐心地观察他的生活,你会在不知不觉中发现那个令你感到惊喜的改变的。

更重要的是,不期待就不会抱有幻想。你不会人为地给自己增加额外的心理负担,你生活得无压力,对待孩子的时候也就能轻松自然。而感受不到压力的孩子,也就能自然地舒展身心,自然地丰富人生体验,这才是他应有的成长。

35　重视家庭的能量场
——或正或负,决定权掌握在你手中

孩子到底怎么样,除了有他个人特性的发展,还有家庭氛围的影响。好的氛围会让孩子潜移默化,但坏的氛围也会在不知不觉中对他形成不良的渗透。

实际上,家庭就是一个能量场,值得每一位父母重视。如果父母为孩子营造了一个充满正能量的生活环境,孩子会时刻面对一个正向的现实,产生积极向上的、乐观的性格;相反,假如父母总是不遗余力地给予孩子负面的担心与评判,那就会给孩子创造一个负面的现实,哪怕孩子再好,再能自我调节,他也会因为长期接受这种负面的"催眠"而深受其害,因为他已经进入了一个大大的负能量场。

而非常遗憾的是,很多父母在教养孩子方面都是焦虑的,所以家庭对孩子的影响也是负向的,当然家庭的能量场就不可能积极正向。如果注意一下,很多家庭中对孩子都会施以类似下面这一系列的负向能量:

第六章
不以评判的眼光看待孩子

"如果不死盯着,孩子才不会好好做作业。"

"今天你要是答应了给他买玩具,那以后可就没完没了了。"

"如果总这么惯着他,他以后肯定就是个败家子了。"

"这孩子就得催,他天生就懒,不催以后就会一事无成。"

"做父母的都不能懒,也不能那么宽松。你宽松了,孩子就钻空子了。别觉得他现在小,现在不管,以后可就酿大祸了。"

"他个小孩子能懂什么?不能顺,就得强硬地治他,他才肯听。"

……

孩子是带着一身的纯净与满心的善良来到这个世界的,他的出现原本是应该能给我们的精神世界带来慰藉的,并能激励我们再次继续前行,从而展开新的心灵旅程。但是,我们却对那个始终笑容满面、满眼期待的孩子给予了一大堆的负能量。

我们眼中满满的都是"红灯",都是孩子行为所谓的"不当"而亮起来的"红灯",我们坚持不懈地向孩子灌输一种态度,"你不好,你需要改变,你需要进步"。我们自己还会因为这些内容而把自己搞得很愤怒,压抑不住地去吼叫,不得不说,这真是一种既让孩子感到难过困惑,也让我们自己感到痛苦愤怒的行为。

一个小女孩在临睡前问妈妈:"妈妈,你是不是不喜欢我呢?"

妈妈有些惊讶,反问道:"你为什么这么说?"

小女孩说:"因为你总是训我。你一训我,我就觉得你不喜欢我了。"

妈妈一时间不知道应该怎么回应,最终只得说:"不,不管你是什么样子的，妈妈都喜欢你。妈妈训你……是为了你好。"

小女孩没说话，在听到妈妈说喜欢她的时候，她已经放松下来，或许最后那一句她并没听到，总之她好像很安心了，安心地抱着妈妈的手，然后才说："妈妈，我也喜欢你。"

很多时候，成年人似乎总是在孩子面前败下阵来，就像这位妈妈一样。孩子因为总是被训斥，而得出了"妈妈不喜欢自己"的结论，这正是妈妈一次次的负能量给她带来的不良影响。而妈妈只用一句喜欢就能换回孩子的开心，这样的强烈对比，难道不值得我们深思吗？

孩子是弱小的，很多或正或负的能量都会非常容易地融入他的体内，进入他的心里，但是你能确定孩子本身就是你所说的那样的吗？不，恰恰相反，孩子原本并非你所想，但也正是你的所想一点一点改造了他，让他奔向了那个坏的方向。

说得简单一些，正是你的负面思维、言行举止，才引导孩子一步步地走向你所害怕的那个方向。

怎么办？改变家庭的负能量给孩子带来的不良影响！不希望孩子变成什么样子，那就不要总是强调那个样子。家中应该营造充满积极正向的氛围，让孩子意识到，只有积极向上、不断进步才是正确的，而非总是被指责，总是被挑错。

我们为孩子创造了一个怎样的环境，孩子就会产生怎样的体会，就会从中塑造出怎样的性格。不只是妈妈、爸爸、爷爷奶奶或者姥姥姥爷，又或者家中其他的亲人，都应该参与到创建一个和谐温暖家庭环境的工作中来，家庭成员之间也不要彼此挑剔、埋怨，这样孩子才能获得一个完整的正向生长环境——因为家庭的能量场是正的。

所以，身为父母，我们需要有高尚的勇气，更要有坚定的信心，

第六章
不以评判的眼光看待孩子

我们要相信孩子是拥有内在的智慧与节律的。我们只是因为一点点的表象就感觉恐惧焦虑,并借由这种感觉而去观望孩子,那么我们看到的绝对不是他本身的状态,而是我们内心的自我被压抑的那一面。

最应该反省的是我们自己。如果我们看孩子从头到尾都是问题,那就要回看自己,看看自己是不是满身都是问题。只有我们解决了自己的问题,才不会再向外界释放负面的信息、负向的能量,不再将这些信息与能量映在孩子身上来加深自己的错误感觉。

第七章
用理智的头脑与孩子沟通

为什么能冲孩子吼起来？其实与我们难以在理性状态下与他沟通也有很大关系。情绪上来了，我们的头脑被怒气冲昏，至于能说出什么也就不是理智所能掌控的了。于是在不理智的头脑引领之下，再去与孩子对话，我们看到的便全是孩子的问题了。所以，要想沟通，还是需要保持理智的头脑。

36 给予孩子正面的回应
——孩子就爱吃糖，看你怎么说

原本是很简单的一句回应话，却总是有人不愿意好好说。正面回应难道不能表达意思吗？很多妈妈却一定要反着来。

比如，孩子说："妈妈，我想吃糖。"

但妈妈却会说："你想牙齿烂掉吗？""你看看你那口黑牙！""吃什么糖，该吃饭不吃！"……

话语中全是抱怨、指责，全是负面的否定，孩子怎么会愿意听呢？他在不情愿的情况下，也会变得难过，甚至暴躁，接下来的对话可能就不会理智了，小孩子可能会哭闹，大孩子则能感受到这话非常不好听了。

但其实只要一句，"为了你的牙好，尽量少吃糖，最好不吃"，就全都解决了。为什么放着这么好用的正面回应不去用,反而非要多费心思正话反说呢?

这其实与很多妈妈的心理不无关系,总觉得孩子是有问题的,总用教训的口气来和孩子对话,并错误地认为,越是说得激烈一些,越能对孩子起到刺激的效果,说得越严重,孩子越能记住。

但孩子也是有情感的,不同的回应,将会给他带来不一样的人生发展。所以不管什么样的事情,在与他对话的时候,要尽量予以正面的回应,让他能在这种简单明了的表达中迅速明确我们所说的内容。

那什么样的回应是正面的回应呢?以下三点值得关注:

第一,意义明确的且直面主题的内容。

你与孩子之间的沟通总会起因于一件事情,那么你所表达的内容就要与这件事有关,而不是忽远忽近地扯到别的事情上去,甚至给孩子翻起了陈年旧账,这都是不可行的。

关于这件事,你有什么想法,怎样的感觉,你可以说出来,不抱怨,不数落,只是平静表达自己所见与所想就足够了。也要允许孩子开口说,让他把自己的想法说出来,而你要认真地听,不要有过多的联想,倾听很重要。

第二,要对孩子的话语内容正向回应。

孩子问你"可以吗",你只需要回答"可以"或者"不可以"。对于他的疑问,要正面解释一下,而不是反向地去讥讽他。虽然只有两三岁,孩子也是可以理解你所说的不可以的理由的。你慢慢说,正面说,他就能明白你是在为他好,而不是在吓唬他。

另外,有时候你也要观察孩子的表情。他其实是知道有些事情是不可以的,但他还是想来尝试一下是不是能突破底线,那么你也要回应得更有智慧一些，以免孩子纠缠不清。

最后，要从正面来结束话题。

你的回应一定不能絮叨起来没完。你告诉了孩子"不能吃糖，否则牙会疼"，然后就可以结束话题了。不要又开始絮叨着"你看你的牙齿，总吃就会坏……"然后由此说开去，这对两三岁的孩子来说也是一个"负担"，他接受不了那么多信息，或者说他其实并不在意这之后的内容。你的回应简短明了才符合这个年龄段的孩子接受的特点。

知道了什么样的内容是正面内容，要如何正确表达这些正面回应，也是要好好思考的。因为有的妈妈总是能让自己的表达变成吼叫的前奏，原本正常的内容，也变得刺耳起来。

比如，还是用阻止孩子吃太多糖这个例子来说，有的妈妈就会用一种非常严厉的语气说："不能吃！有蛀牙了怎么办？"

好吃的糖吃不到，本来就已经让孩子感觉很遗憾了，现在妈妈又这么严肃，还讲出了蛀牙这件事，对于3岁的孩子来说，这是很恐怖的内容。吃不到糖，蛀牙，两件同样让他难过的事情交集在一起，被妈妈这么恐怖地说出来，啊，太可怕了！

孩子会因为妈妈的这种说法有情绪的变化，有的孩子会显得很害怕，会哭；有的孩子又会撅起嘴，觉得被约束了，想反抗；还有的孩子反其道而行之，"我不怕蛀牙，就是想吃"……这些情绪变化被妈妈看在眼里，原本因为"孩子怎么又来要糖吃，真是不长记性"而搞得有些烦的妈妈，就会变得更烦，接下来"吼叫大戏"可能很容易上演。

可见，正面回应孩子，也需要正向的温柔表达，平静地把事实摆出来。如果你真的不想让他吃，那就态度坚决一些，坚决不是说你横眉立目，而是不管他怎么磨，你都无动于衷，你坚持却并没有发怒的样子，也会让孩子意识到他的磨是不管用的，进而就会放弃。而你也可以趁势用其他东西来吸引他的注意力，转移他吃糖意愿没有满足的遗憾，让他尽快恢复情绪。

37 确认并理解孩子的感受
——不试图以"安慰"去否定孩子的情绪

你是不是经常这样做？孩子兴奋地跑向你，告诉你他的种种发现和感受，但你却回复了他其他内容；孩子难过地告诉你他经历了什么，可是你却忽然开启了指责模式；孩子不管是什么情绪，只要干扰到了你当前的行为，你就开始以自己的情绪为主，训斥他不懂事……

如果你总是这样做，那就意味着你在拒绝孩子的感受，而是只关注自己的感受，长此以往你将切断自己与孩子之间原本深厚的情感呼应，最终成为一个不理解孩子的妈妈。到那时，孩子的失望情绪就会无限扩大，而你说的所有话，只是依据自己的感受和判断去强硬地开展教育，于他而言，都是无感的。

不被理解的孩子和强硬表现出理解的你，形成了一对明显的反差，一个期待理解，一个却又觉得"我已经理解了"，两厢难过。

就像你做了一盘菜，孩子说不好吃，你觉得好吃。你就认为孩子是故意的，说他"嘴太刁，不知道体谅妈妈的辛苦"，认为自己"为了给你调配口味，做好吃的，你不吃，都白做了，白费劲"，并最终总结"以后你自己做，我不给你做了，做了你又不吃"。

这岂不是强人所难吗？

站在旁观者的角度来分析，这就是妈妈自己激怒了自己，只从自己的感受出发，来总结自己的不满，并不断放大不满，激发内心愤怒的情绪，最终导致吼叫。

要解决这个问题，最基本也最重要的是确认并理解孩子的真实感受。

第一，当孩子描述感受时，别带着自己的感受去倾听。

孩子刚开口表达，只是描述了一件事，或者只是想说自己要做什么，还没有把自己的感受描述清楚，你就带入自己的感受，并先入为主、言之凿凿地去决断孩子的感受，评判他的感受，那你的主观感受彻底影响了你对孩子感受的判断。只有你先丢开自己的感受，认真去倾听孩子的描述，才可能对他的感受有所体会。

想要在有水的杯子里装入新的水，你需要先倒空杯子，然后才能接入新水。在确认并理解孩子感受这方面也是如此，没有自我主观的感受，你也就越能接纳孩子的感受。

第二，就算你的情感没有被激荡，你也应该试着去看到和意识到孩子的感受。

假设一个场景：你的孩子开心地从幼儿园出来，告诉你："今天我中午睡觉没尿床！"你怎么回应呢？

一位妈妈觉得这是一件很正常的事，说："不尿床是应该的，尿床的都不是好孩子。"

另一位妈妈也知道这是一件正常的事，但她说："看到你这么开心，我也觉得这是一件令人开心的事！"

第七章
用理智的头脑与孩子沟通

显然，第二位妈妈的回应会让孩子感觉到自己被理解了，他自然也会从这种愉悦的情绪中发现"不尿床"才是真的好的事。而第一位妈妈的说法，则会让孩子觉得自己的感觉被冷落了，他的热情也会立刻消退。

孩子需要你和他有共情，就像他看到你难过，他会安静下来，看着你、抚摸你一样，他也需要你做到这一点。

第三，允许孩子体验丰富的情感，不论正负，都要让他释放出来。

很多妈妈可以接受孩子的正向情感，开心的、喜悦的、乐观的、充满希望的……妈妈哪怕无动于衷，但也不会过多排斥。但是当孩子难过、悲伤、愤怒、不知所措的时候，他会哭泣，我们就人为地将这样的情绪归纳为"不好的"，然后自己先变得焦虑起来，希望他能赶紧停下来。为此，我们可能会转移他的注意力，甚至急得没办法的时候就会喝止他，吼叫并威胁他。

孩子有可能会停下来，但这只是表面的效果。实际上尤其是负面情绪若是长期得不到释放，他体内的能量就会被阻塞，长此以往，他可能会出现心理疾病或者生理疾病。

事实上，孩子具有一种天然特性，他可以通过对自己情绪的完整体验而进行自我疗愈，当他的能量被完整地释放出来之后，自然也就不会有心理创伤了。

所以，最好的做法就是要让他释放情感，不要打扰，如果他需要你，你就在一旁安静陪伴。但是很多孩子在以前已经被打扰过多，所以即便同意他释放情绪，他也会压抑自己、小声哭泣，这时你的确认和鼓励就非常重要了，可以告诉他"我知道你难过，那就哭吧，你可以哭"。孩子情感得到了释放，内心也会舒服许多，情绪反而会更快过去。

第四，不要试图去否定孩子的情绪，哪怕重复，也能让孩子感到体贴。

我们经常认为自己对孩子的情绪是负有责任的，所以当他伤心地表达时，我们就会去劝阻。比如，孩子不高兴地告诉你"妈妈，我的玩具找不到了，我觉得很难过"，有的妈妈可能就会说了，"找不到没事，再买就好了"。

你觉得你是在安慰孩子吗？并不是，他对那个玩具的喜欢之情，被你彻底否定了，他对失去的感受可能反而变得更强烈。你倒不如重复他的感受，"是吗？找不到了啊，的确让人难过"，这样一来，他对自己的感受就有了完整的体会，他会慢慢变得平静。而后，他可能也会有自己的建议，比如"妈妈帮我找找吧"或者"妈妈我能再买一个吗"，这时你再有所行动也不迟。

38　学会合理地拒绝孩子

——看似无理取闹的孩子，实际最好协商

你会拒绝孩子吗？

"不就是说不行吗？也还好吧，虽然他有时候会不乐意，也会哭闹，但强硬一点，吼他两声，他没办法，也就听了。"有很多妈妈一定会这样回答。

当然也会有妈妈会这样说："不太好拒绝，给他讲道理他也不听，或者听不懂，你说不行，他就哭个不停，挺烦人的。最后往往都是吼

第七章
用理智的头脑与孩子沟通

他一顿,他才甘心。"

两种方式,其实都是一个意思,不管能不能拒绝,终归都是要发展到吼叫这一步,就好像面对孩子不吼叫就不能拒绝了。

事情之所以会有如此走向,与我们在处理这件事时的态度不无关系。

孩子不管是提出要求还是表达"我不",都是直接且没有什么理由的,他会很明确地告诉你他想要做的事情,或者他不想要做的事情。

比如,他会很直接地告诉你:"妈妈,我想去海洋馆。"可能天气原因、路程原因,或者你刚好正发愁、苦闷、生气,于是你便烦躁回他:"我都烦死了,你还去海洋馆?整天玩,也不知道背诗歌,也不知道认字。人家别的小朋友都学习了,就你一天到晚疯玩,我这么累,你都不知道体谅!"结果孩子觉得自己真的做错了事,便沮丧地退到一旁,还可能会因为你的吼叫训斥而掉下眼泪。

还比如,你让他洗手吃饭,他直接回应"不要",然后你就会立刻开启吼叫模式:"不洗手吃饭等着饿死吗?还是脏手吃饭等着肚子疼去医院开刀吗?吃个饭都这么费劲,我看你是欠收拾了。"吃饭前就挨一顿训,对孩子来说可不是什么愉快的饭前时间,接下来的吃饭时间想必也会让他感觉所有美食都索然无味了。

面对孩子的这种直接回应,我们总是感觉应对无力,其实是因为我们总想要成为一个完美的人。可事实上,没人是完美的,我们不是神,你在很多时候是做不到满足孩子的,或者很多时候因为孩子要求的不合理你也不可以满足他,但是这样做却会让一些父母感到内疚。于是他们需要借助大量的理由,来支撑自己拒绝的"合理性"及"不可抗拒性"。再加上吼叫的运用，使得这样的拒绝变得严厉而不可抗拒了。

虽然多数情况下，孩子会因此而表面接纳了这个拒绝，可实际上他内心的情感却被阻隔了。他认为"我被拒绝了，我是错的"，其实他并不是因为自己被拒绝而感到难过，而是认为自己错了才让他觉得不舒服。尤其是有的妈妈说孩子，"你不能不讲理，不讲理都不是好孩子"，对3岁左右的孩子讲很多大道理，这原本已经很超出他的理解范围了，再加上指责，哪怕是这么小的孩子，他也会意识到"不讲理的我是错误的，不值得被爱"。

为了扭转这样的局面，我们应该学会合理地、有智慧地拒绝孩子。

假设有这样一个场景，孩子想让妈妈陪伴玩耍，妈妈却不耐烦地说："没看见我忙着吗？这么没眼力劲儿！"孩子想要亲密，妈妈想要独自忙碌，看似矛盾，这难道真的不可调和吗？

并非如此啊！有智慧的妈妈会这样来应对："想和妈妈一起玩是吗？妈妈也想和你一起玩，不过现在妈妈很忙，等一会儿，妈妈叫你的时候你再过来好不好？现在你先自己去玩一会儿，妈妈也抓紧时间。"你以为的无理取闹的孩子其实才是最好协商的那个，你好好地跟他说，用平等的态度，用平和、温柔又坚定的语气，他就能接纳你的建议，并真的按照你所说的去做。

这其实就是提醒我们，要对孩子的情感给予充分的理解与尊重。要让孩子意识到，妈妈只是在拒绝他当下提出来的一件事，并没有拒绝与他之间那亲密无间的亲子之情；要让孩子知道，虽然不能立刻达成心愿，可是"妈妈依然非常爱我"，得到情感满足的他也会从我们这里学会如何协商一件事，他也不会真的变成一个无理取闹的孩子。

当然，拒绝是暂时的，并要在之后真的实现对他的承诺，你说一会儿会叫他，那么一会儿就要真的叫他。如果你依然没有完成手头的事，不如暂时告一段落，然后先将与孩子玩耍的时间当成休息时间，之后再进入这样一个良性循环。孩子得到满足，你得到休息，其实双方都没有任何损失，并且又都会有好的收获，这可要比吼叫拒绝有效得多。难道不是这个道理吗？

39 不指责，不抱怨
——你喘了口气，孩子也会跟着放松下来

孩子的到来原本是一件值得开心的事，因为新生命总是能给人带来愉悦。可是随着孩子的成长，很多妈妈原本欣喜的心情就会渐渐趋于平静，开始将他的每一个变化与自己内心中的理想状态进行比对，但越比对越是发现，孩子身上有太多令人不满意的地方了。

希望孩子听话的时候，他却总是说"不"；提醒他做什么事，他又总是记不住；想让他做到自己的要求，但他就是实现不了……有的妈妈是无法忍受孩子的这种种"不顺心"的言行的，于是眼中便再看不到孩子的好，看到的都是孩子让自己不满的行为。妈妈于是就开始指责，开始抱怨，进而引发吼叫。

有一位妈妈就曾这样十分纠结地讲：

我对孩子的感情是矛盾的，好的时候真是让人喜欢得不得了，可不好的时候，真是让我气得浑身发抖、恨不得抓狂。他怎么就没有我想象得那么好呢？我看别的孩子都挺好的。

我经常吼他，他总是试探我的底线。有一次我被气得不行了，抱怨说"我都不想要你了"，他哭得挺伤心，我却非常烦躁，那一刻我真是有放弃的想法。但过后，再想想，他不就是个孩子吗？怎么能跟他计较。可这也好不了几天，他总是能找到机会惹怒我。

很多妈妈对孩子的感情都是矛盾的，尤其从3岁左右开始，指责、抱怨会与日俱增，一天之内甚至会爆发好几次。我们是着急的，孩子其实也是痛苦的。

但问题总要解决，那么我们就先冷静一下，好好看看孩子。这里不得不提到孩子的年龄问题。两三岁、三四岁，这个年龄段的孩子要说懂事，还不算，要说不懂，多少也还是懂一点的。不过，这个阶段的他会进入人生的第一个叛逆期，他用各种否定模式来验证"自己是一个独立的人"这样的结论。可尽管如此，他却又离不开妈妈，他依旧对妈妈有强烈的依赖感，他的情感波动依然受到妈妈情绪的极大影响。

如此看来，你有没有注意到自己对孩子的指责和抱怨有些不妥当呢？

不管你因为什么而指责或抱怨他，他都不过是一个人生经历才1000天左右的孩子，他当下主要的生活就是探索、学习、认知、感受……从你这里获得情感认同，学会应对各种人与事物。但是，你却把他所有你认为做得不好、不对的地方都判定为是他的错误，认为他就应该接受你的指责和抱怨，岂不是太自私了？

从这个角度来讲，其实你之所以指责抱怨孩子，还是自己的缘故。

指责孩子不听话，抱怨他总是和我们对着干，从侧面来看，就是我们自己没有能力让他顺从我们的教育；抱怨孩子什么都做不好，指责他偷懒、笨、没有天分，其实就是在间接忧虑内心的那个无能的自己。

都是我们自己的问题，却让孩子背了锅。孩子不会开心，也不会从我们的指责和抱怨中学到东西，而我们也会陷入吼叫的怪圈，越来越烦躁。

所以，不指责、不抱怨才能看到最真实的孩子，也才能让孩子按照自己的规律去成长。

不指责，孩子就能自由地表现出他真实的样子，不管是好的表现还是不好的表现，他都会自由展现出来，让我们能更清楚地了解他的成长与发展历程。这显然更有利于我们去帮助他发扬优秀的一面、规避不足的另一面。

不抱怨，孩子也会经常面对一个开心的妈妈，一个没有那么多烦恼的妈妈，他会过得更轻松一些，会享受到更多的快乐。

所以，还是放下最初的那些"孩子应该……"的想法吧！在孩子成长的道路上，没有那么多限定成死规矩的各种"应该"，应该尊重他的成长规律。你要将目光放在孩子身上，而不是放在自己的思想与认知上，所有你设想的都只是你的想象而已，一切不能与实践相符合的想法与行为，都是无效的。

回想一下你的指责与抱怨，看看你所在意的东西到底是什么，是不是你对孩子要求得太多了？是不是你的期望值太高了？是不是你对自己的状态就是不满意的？是不是你自己想要改变却还没有付诸实践？

从自己身上找找原因，你才能解放自己内心的压力。当你看开了更多的事情的时候，你也就不会总去斤斤计较孩子怎么样了。你的压力减轻，孩子的压力自然也就被放开了。你喘了口气，孩子也会跟着你放松下来。试试看！

40　做一个诚实的妈妈
——因为你不是神，所以你可以做不到完美

生育孩子、养育孩子的过程，对于任何妈妈来说，都是一场难得的经历。很多妈妈都能通过这样一种经历，唤醒自己过去的童年。

那些自己童年不快乐的妈妈，可能也就不能很顺利地给予孩子爱与自由。遇到这样的情况，妈妈自己是非常苦恼的，而想要做一位好妈妈的心思会更为强烈。因为自己童年的经历，所以会非常想塑造一个不一样的妈妈，让自己的孩子能体验到更好的童年生活。然而，过去的经历会影响现在的表现，想做却无论如何都做不到的时候，妈妈会变得更加焦虑。因为做不到就会有自责，可这种焦虑与自责反映到孩子那里就会变成无奈的吼叫，结果孩子反而受到了伤害。这无疑更会加重妈妈的焦虑与自责。

其实这种自我不断增加的枷锁会让我们变得更加忙乱，心情也会更加烦躁，但只要换一种心情，你可以告诉自己："我不是神，我可以做不到完美！"而与其去追求总也追不上的完美，倒不如退而求其次，认真审查一下自己，保持对自我的觉察，让孩子看到一个诚实的妈妈。

第七章
用理智的头脑与孩子沟通

这里所说的"诚实",就是要让妈妈能诚实地面对自己。

比如,孩子夜里哭闹起来,妈妈在又困又累的情况下就显得很焦虑,还可能会变得愤怒起来。这时你内心就可以做到自我觉察,意识到这并不是孩子的问题,可能是因为自己小时候就没有得到妈妈足够的呵护,所以在面对自己孩子哭闹时,自己才会有焦虑和痛苦。你就不需要去训练和控制孩子,而是先让自己平静下来,抱住孩子,好好安抚他,他自然会慢慢恢复自己内在的节律,也逐渐变得安静。

再比如,你劳累了一天,非常疲惫,孩子过来要求你抱抱他,要求你陪他一起玩耍。你没必要烦躁地对他说:"你看不到我累吗?我这么累还得陪你玩,你一点都不懂体谅,整天就知道玩,也不知道看书!"你完全可以诚实地告诉孩子:"想玩啊,没问题。不过现在妈妈很累啊,需要休息一下,一会儿再说好吗?"你诚实地将自己的状态展现出来,诚实地面对自己内心的疲惫,你的身心状态就是一致的,孩子也是会顺从你的。不然你此时对他的指责,就只是自己内在情绪的发泄,而孩子还可能会认为,自己来要求妈妈陪伴的要求是错误的,从而背负上某种心理压力。

任何不面对自己的真实感受,并试图让自己行为合理化的想法或行动,都可能导致妈妈产生错误的思想。

比如,有的妈妈信奉,"总是抱着孩子,他就会产生习惯性的依赖",可却忽略了孩子对爱的渴望;有的妈妈认为,"孩子哭就不能理会,不然他就抓住我的弱点了",但如此却放过了孩子情感的倾诉。长此以往,孩子会因为你不能诚实面对自己而受到牵连,他的很多原本正常的需求和行为,都会被你定义成错误的,他内心的大量需求得不到满足,内心的情感能量也无法正向流动,内心创伤或者一些负面的能量也会越来越多,他所受到的伤害也会越来越深。

所以说,要做一个诚实的妈妈!这需要你更深一层次地去面对自我,不断地自我觉察,不断地自我改变,渐渐地做到不再把孩子当成发泄的对象,不再用自己的负面情绪去伤害孩子,从而实现与孩子之间的彼此理解与包容。

另外,有一些妈妈可能还会有这样的表现,她会将所有问题归结成是孩子的原因:自己累了,就说"为了孩子这么辛苦";自己生气了,就说"孩子也总让自己不省心";自己伤心了,也说"孩子也不知道体谅,都不知道来安慰"等等。不仅如此,这样的妈妈还会禁止孩子表达自己的情绪,用前面提到的种种说法,来让孩子产生"不能提要求,不应该有感受"的错觉。结果孩子外在不得不伪装,内在却越来越压抑,这样的孩子又怎么可能没有心理创伤?而他的未来,岂不真的就成了妈妈的翻版,成为一个生命负向流动的循环?

做一个诚实的妈妈吧!不要扭曲孩子的感受,而是自我觉察自己的感受,真实面对自己,也正视孩子。没有扭曲就不会让孩子分裂,你就能更多地接纳孩子,而他也会在自己的自然天性之下实现对自我的修整与完善。

41 建立正向的家庭秩序
——不要让你的情感错位

所谓家庭秩序,简单来讲,就是一个家庭中会拥有的各种秩序。比如,你的家庭中应该有正常的夫妻关系,也要有良好的亲子关系,

第七章
用理智的头脑与孩子沟通

还要有和谐的孝亲关系。这三种关系，都属于家庭秩序的范畴，而这样的秩序是不能乱的。那么，你能确定自己的家庭中正在流动着一种怎样的家庭秩序吗？是正常的吗？是能明显被区分开的吗？

很多家庭中，夫妻关系并不算好，或者说很多妈妈自己打理不好夫妻关系，也理不清亲子关系，婆媳关系、跟自己父母的关系，家庭关系可能也非常紧张。那么，她在很多时候就会将多余的情感寄托在孩子身上，结果孩子被放在了一个原本不属于他的位置上，家中的秩序随之被打乱，也就无法继续维持正常的生活。一旦生活混乱了，妈妈当然会感觉到烦躁，若是再不能调节情绪，吼叫也就是必然的了。

有一位妈妈的日常生活就是这样一种状态：

先生工作繁忙，一个月总有半个多月的时间在出差，经常不在家。家里总是剩下她和3岁的儿子两个人。

长时间总是自己在操劳，还要照顾年幼的孩子，让她越发疲倦与烦躁。于是不知道从什么时候开始，她就不断地向儿子述说先生的不好："你爸太不负责任了，总是把我们娘俩儿丢家里，也不管这个家"，"我每天都要累死了，工作也累，还得管你，你看你爸，每天就干自己那点儿事，多轻松，我跟着他才是倒了大霉了"，"你慢慢长大了，你可不能像你爸一样，你得体谅妈妈，你得有眼力劲儿，帮帮妈妈"。

儿子懵懂地听着，但他却又不知道自己能做什么，听着妈妈的话，他觉得很有压力。而每次爸爸回来之后，他也会在看过妈妈的脸色之后，才敢去和爸爸亲热。如果当时妈妈刚好心情不好，儿子只能也只愿意依偎在妈妈身边，对妈妈的感觉越来越冷漠。

这样的生活状态其实是非常危险的，妈妈自己在爸爸这里的情感缺失，全部想要在儿子身上找回来，这些沉重的情感，都被寄托在了儿子身上，这使儿子变得不再是单纯的孩子，而是成了家中"男人"的一个替代品。

这样一种责任对于孩子来说太过于沉重了，虽然他可能会在短期内感觉"看吧，比起爸爸来，妈妈还是更看重我的"，但是要不了多久，他就会意识到自己需要承担的东西太多了，妈妈将大量的情绪垃圾都倒给了他，而他既不具备承载功能，也不具备开导功能，更令他难过的是，他没办法做到自我解脱，他还没有学会将这些别人的问题从他自己身上丢开。久而久之，他的内心便会不堪重负。

尤其是对男孩来说，妈妈的这种表现，会让他以后对女性的情感发生变质，他觉得一旦接纳了女性，女性就会如妈妈这样，让他重新体验到童年的沉重；虽然他因为妈妈的缘故，可能会对女性有尊重的表现，可他内心却是对亲密有恐惧感的。

更重要的是，妈妈的情感错位，也会导致妈妈对孩子的掌控欲增强，于是社会上我们可以看到很多所谓的"妈宝男"，这样的人凡事都听从妈妈的，他觉得自己这样做是对妈妈的孝顺。实际上，向更深层次挖掘的话你就会发现，这样的人在小时候与妈妈的情感联结却是非常少的，因为他大部分时间都承担着"成年人"的角色，反倒是他的孩童角色被妈妈忽略了，所以他孩童的情感没有得到释放，也依然是孤独的，他反而更渴望妈妈的关注与爱。

一个家庭，孩子的世界一定要与成年人的世界区分开来，孩子只要好好做好自己就足够了。孩子与我们之间的关系就是亲子关系。而成年人，就要做好成年人，有什么事，有什么麻烦，是成年人自己彼

第七章
用理智的头脑与孩子沟通

此之间的问题,彼此要互相沟通解决,想办法渡过难关。尤其是妈妈,不要总向孩子诉苦,他不是你倾倒情感垃圾的对象。

孩子都是善良的,他听到你的诉苦,就会想要帮忙,但他有限的能力与理解力,会让他不知道自己能做什么,这无疑也增加了他的痛苦。所以越是遇到这时候,你不如告诉他:"这是我们成年人的问题,我们可以自己解决,你放心吧!"孩子会从这样的表述中找到安全感,而他从父母的这种态度中,也能学会这种自我负责的人生态度。

第八章
妈妈和孩子的情绪都需要管理

正常的人都会有情绪,好情绪与坏情绪也总是在我们的生活中交织出现,但并不是所有人都能很好地处理这些情绪。有些妈妈总是会被自己的情绪牵着走,不仅扰乱了自己的生活,而且顺带着牵连了孩子,孩子学不到正确处理情绪的方法,家中弥漫的紧张气氛也会与日俱增。所以说,无论是妈妈还是孩子,都需要学着管理自己的情绪。

42 孩子的负面情绪并非胡闹
——通过孩子哭闹的信号,反思自己

负面情绪是一个人情绪组成的一部分,每个人或多或少都会有负面情绪。负面情绪不仅是成年人有,孩子也同样有。

但是,在对待负面情绪方面,我们却有着双重的标准。在我们看来,成年人有负面情绪是被允许的,因为我们认为"成年人经历的事情多,压力大,负面情绪积压是很正常的";孩子若是有了负面情绪,就是胡闹了:"一个小孩子,整天除了吃就是玩,他还能有什么不开心的?"

这个双重标准一旦在我们内心成型,那么我们就会变得对自己的负面情绪不再掌控,对孩子的负面情绪反倒百般"打压"。

比如,3岁左右的孩子,可能每天都要去幼儿园,而每天早晨起床的时候他多半都会有一些负面情绪的表现,哭闹、不愿意起,有的孩子

第八章
妈妈和孩子的情绪都需要管理

还会撒撒泼。很多妈妈对孩子的这种状态都是很不愿意接纳的，一看见孩子又开始哭了，便会立刻表现出不耐烦，皱眉，眼神焦虑起来，声音不再婉转，硬邦邦地来一句："哭什么哭！大早起的就哭，多讨厌！"你就认为孩子这大早起的闹情绪就是在胡闹，难道早起不应该高高兴兴地起床穿衣、洗漱吃饭吗？就不能像电视电影里演的那样，开心地笑着和妈妈打个招呼吗？

这么理想化的生活状态，是我们对美好生活的一种强烈渴求，但实际的生活并不是这样的。孩子在去幼儿园之前，或者有的家庭可能是在孩子去小学之前，都是一种较为散漫的生活状态，他的作息时间是不固定的，他可能睡得晚一点，但他第二天不是必须要早起的。可一旦去了幼儿园，他每天就需要有时间限定地早起了，而且不管晚上几点睡。

但孩子一时半会儿还做不到很好地掌控自我，晚上他可能贪玩了，睡得晚了；就算他睡着了，因为尿意，或者干脆尿了床，他也不得不中途醒过来。可早上起床的时间却是固定的，他正困着，就要被叫起来，他表现出不乐意，却又会换来妈妈的严词厉色。想想看，起不来的痛苦和妈妈吼叫的恐惧交织在一起，他又怎么可能做得出笑脸来呢？

由这一件小事推理开去，孩子的很多负面情绪，都是有原因的，并非故意胡闹。尤其是年龄小一点的孩子，他的情绪变化往往都是直接反映出他的需求变化的。当他没有得到满足时、感觉到不舒服时，他的哭闹就是一个信号，你应该立刻反过来看看自己的表现：我有没有满足他的需求？我有没有关注到他的情感需要？我是不是太在意自己的情绪而忽略了他的情绪？

有的妈妈可能会说了："那我岂不是很委屈？我关注他的负面情绪，谁来关注我的呢？孩子难道不应该听话吗？他不应该做个乖孩子吗？不应该是《弟子规》里所讲的'父母呼，应勿缓；父母命，行勿懒。父母教，须敬听；父母责，须顺承'吗？"

你看，如果你这样想了，你的思想就还是停留在"出了问题都怨孩子"的层面上。孩子来到这世界才不过 1000 天而已，他什么都不懂，他刚开始认识世界、接触世界，他需要依靠你来建立对世界的认知，建立他人生的大致框架。你肩负的重要责任，却在这里和孩子计较谁更委屈，那到底谁才是孩子呢？

《弟子规》里的内容是没错的，但你的使用却有问题。你不能这么教条地用这样的框架去约束他，那就把书读死了，也是把书里原本正确的内容读错了。孩子在完全满足的状态下，才可能去听从与表现，如果他自己都没有亲情满足感，都还处在一个缺爱、恐惧的状态，你觉得他能做到什么呢？

不要再将孩子的负面情绪当成是胡闹了。只要你正视他所有负面情绪背后的原因，根据原因采取相应的措施来应对，先解决他情感上最基本的需求，先让他获得满足，他的负面情绪自然就不会长久。当他恢复成一个快乐的孩子，你觉得你的烦恼还会长久吗？

43 管一管你的吼叫习惯
——不断导正意识，勇于自我剖析

别看孩子现在只有 3 岁左右，但很多妈妈却就只是利用这短短的 3 年时间，无师自通地养成了吼叫的习惯，随着孩子不断成长，这个习惯也越来越根深蒂固。

第八章
妈妈和孩子的情绪都需要管理

好习惯是帮助人进步的，人不知不觉中就会受好习惯的引领；但坏习惯却是一种无声无息的渗透，久而不自知，待到日后有所察觉，早已经错误深种。

吼叫就是这么一种会让妈妈"久而不自知"的习惯，在面对出问题的孩子和孩子的问题时，妈妈都会优先选择用吼叫来发泄，并希望借助吼叫来解决问题。然而，我们却会发现，吼叫被使用得越来越频繁，可问题却没有任何改变，反而变得越来越令妈妈感到棘手，越发不知所措，但却也越发想要好好管教。

实际上我们都是真心想要解决问题的，吼叫只是在无助状态下的一种表现方式，那就不妨从吼叫这个习惯入手，管一管自己的坏习惯。

如果说吼叫养成习惯是需要时间的，那么管理这个坏习惯，或者说改掉这个坏习惯也是需要时间的。不要奢望在几天之内找到好方法做到不吼不叫。吼叫的习惯已经深入你生活中的方方面面，你也很难做到在几天之内就很好地控制自己。"冰冻三尺，非一日之寒"，这是有道理的。

要管理自己的习惯，你需要先有一些正确的意识：意识到吼叫是不能解决问题的，反而可能会增加问题；意识到吼叫会给孩子带去伤害，并给自己也带来烦恼；意识到吼叫让你陷入一个怪圈，并越来越无法自拔。这样的意识会提醒你，你需要改变吼叫的习惯，再遇到问题时，你的意识会给你一个提醒，让你不要只专注于吼叫，而是可以有其他方面的思考。

接下来你可以找一个安静的时间段，回忆一下自己过去吼叫的经历，整理一下你经常会在什么时候吼叫、为了什么问题而吼叫，想想你吼叫的时候，自己与孩子的状态是怎样的……将这些内容整理一下，对比一下，思考一下，你就会发现自己的吼叫是一个怎样的规律。多几次这样的总结，你总能对自己的吼叫习惯有一个更好的认识。

当然，得出这些结论的前提，是你一定要敢于剖析自己。很多人并不愿意剖析自己，一旦遇到自己的问题，宁愿绕过去、装看不见，也不想提及，更不想去深入剖析。尤其是吼叫，不能认识到吼叫是有问题的，便也不会觉得吼叫是个问题。所以要正视自己已经养成的这个坏习惯。

之所以要这么说，是因为有很多妈妈并不认为吼叫是自己的习惯，她反而说，是"孩子的习惯性捣乱，才引发了我的吼叫"。

有一位妈妈就是这样想的。她对朋友说："每天送孩子去幼儿园真是太难熬了，她不是哭就是闹，软硬不吃，她就是不想去幼儿园，就是不想听话。就这样我还怎么保证自己能坚持温柔以对？不吼才怪！真不知道别人都是怎么做的，也不知道别的孩子怎么就那么听话，其实每个孩子真是不一样啊！"

分析一下她的抱怨，就不难发现，她认为自己是不得不发脾气的，而且发脾气的原因不在自己，全是孩子的错。而且还想当然地羡慕别人怎么做到的，别人的孩子怎么那么好，为什么自己的孩子就不能让自己也变成别人，为什么自己的孩子就不能变成别人的孩子……她并不觉得是自己出了问题，反而将所有的问题都归结到孩子身上。但是，如果她能智慧地去应对，能多关注孩子，能多反思自己，就能意识到孩子为什么要哭泣，为什么不想去幼儿园，这样才能找到问题的源头。

你看，归根结底，还是需要在自己的吼叫习惯上去下功夫。找到打破习惯的方法，才能让教育回归平静。

如前所说，要改掉已经成型的习惯是需要时间的，但同时也是需要你的坚持的。不能说什么时候想起来了再去认真对待，想不起来就得过且过了。要时刻提醒自己，注意这个习惯给自己带来的种种不利局面，真正把这件事重视起来，你才能从自我主动出发，去真的扭转这个习惯。

44 你给孩子做了个坏榜样
——不要让你的情绪任性地"放飞自我"

妈妈情绪不好，是一件很严重的事。在很多家庭中，妈妈一般处于一个比较中心的位置。妈妈一旦情绪出了问题，就有如在家中放置了一个传染源，全家人的情绪都会受到影响。尤其是孩子，孩子总是无时无刻地想与妈妈亲近，所以他也将会成为受到妈妈情绪感染最严重的那一个。

很多妈妈都有这样的感觉，在某些时刻，孩子会做出一些让自己觉得似曾相识的事来。

一位妈妈在打扫卫生，孩子自己在一边和玩偶玩耍。忽然妈妈听见孩子对玩偶说："现在我很忙，你要乖乖的。"

妈妈刚想笑一下，却听见孩子忽然变了语气说："你为什么要哭呢？有什么好哭的？我不是说我很忙了吗？你再哭就打你屁股！"

她有些呆住了，停下了手里的事情，继续看着孩子，看她最终有了一个结语:"不哭才是乖孩子,我就不吼你了。"

几乎不用思考,她就想到了这个让她熟悉的画面。她也曾经这样对待孩子,一模一样,从内容到语气,孩子学得可真是惟妙惟肖。

这还算是一位理智的妈妈,她意识到了自己给孩子做了个坏榜样。而还有一部分妈妈则恰恰相反,她们并不觉得自己做了坏榜样,反而又去抱怨孩子了。

"谁让你学这个的?"言下之意就是,我可以说,但你不能学。

"好的你记不住,你就知道学这些东西。"言下之意,难道不是你自己其实也知道这样做不好吗?

"别玩了,也不看看书,人家别的小朋友都会背好多诗了!"这句话的言下之意,则是要转移话题,也一样是要时刻体现妈妈的权威。

但不管是理智的还是不理智的,我们都不能否认的一个事实就是,如果我们情绪不好,如果我们总对着孩子吼叫,那么终有一天,孩子也将在潜移默化中将这个习惯也"移植"到自己的身上,然后继续"发扬光大"。

总有妈妈对自己的情绪是一种"时刻放飞自我"的状态,并很不以为然地为自己开脱说,"我就是这么个暴脾气"。但孩子并不喜欢这个暴脾气,而且他因为你的影响,也将学会对自己情绪的"放飞"。

有些妈妈也认为,我可以发脾气,孩子不行,反正孩子只要闹脾气,我就要阻止他,吼他,他总不会再学坏了吧!

这种想法真是太天真了。你以暴制暴的样子,会深深地印在孩子的脑海里,他并不是只从你这一次的情绪变化中学到的你的样子,他是每次都在"学习"。你觉得他闹情绪不对,但你却又用暴脾气来阻止他,他的情绪就变成了始终无处发泄的状态,这种久久的压抑,最终导致的结果只能有两个,"不在沉默中爆发,就在沉默中灭亡",你觉得你能接受哪一种结果呢?

作为妈妈,更不应该表现出这样一种双重标准的状态来,凭什么我们可以发怒而孩子不行呢?当我们不能好好约束自我的时候,就不要再想着去管教他人了,对孩子的管教就更是无效的。"己所不欲,勿施于人",这是需要我们用心体会的至理名言。

所以,要好好管理一下自己的情绪,因为你的身边时刻都有一双眼睛,他会一直盯着你,看着你的一言一行,就算不当面学,也会因为印刻了你的言行而在日后不自觉地发挥出来。尤其是遇到一些与你的吼叫原因相类似的事情时,没有学到怎么处理情绪的他,只能选择复制粘贴你当时的吼叫表现,来让自己的情绪发泄出去。

作为妈妈,要学着掌控情绪,别让情绪任性地"放飞自我",那不是你洒脱的表现,那是不负责的表现,也是不成熟的表现。

还好,现在面对的是幼儿期的孩子,我们还有机会,还有时间去及时改正,坏榜样也是可以被改正成好榜样的。就算为了孩子,你也要收敛一下,让自己变得成熟起来,不断提升自控力,并把自控的方法、理性的思维也教给孩子,帮他完成全身心的正常成长。

45 别让高标准压垮自己和孩子

——人家的孩子真的那么美好?

你之所以会发脾气、闹情绪,很大一个可能是因为你的期望没有获得满足,这种失望的情绪让你感觉内心空洞,甚至感到愤怒。

但很多时候,我们都会过分在意"期望没被满足"这个结果,却忽略了一个事实!你有没有想过,你所期望的,不管是对自己的、对他人的还是对孩子的期望,是真的能够被实现的吗?你能确定自己所期望的内容不是"空中楼阁"吗?

相信很多妈妈都曾经说过或者想过类似的内容:"怎么别人的孩子都能做得那么好,人家都是怎么教育的,我的孩子怎么就是做不到人家那样的呢?"这样想的妈妈,不能说不是一个好妈妈,毕竟期望是进步的动力;然而,这样想的妈妈,却也不能说是一个好妈妈,不符合孩子实际的期望,只要看到"别人家的孩子",便擅自为自己的孩子定下高标准,这样的高期望值,相当于给自己和孩子都套上了沉重的枷锁。

人们会在不自觉的状态下互相攀比,不管什么都会被纳入攀比的范围。有了孩子以后,妈妈们也是如此,攀比谁的孩子长得高、长得壮,谁的孩子学东西快,谁的孩子能力强,明着比、暗着比,比来比去也就把一些妈妈比得心理失了衡。

一旦不能实现期望,妈妈就会非常失望,这时候的言语往往是这样的:

"你看看人家的孩子,都是一样的,你怎么就不行呢?"

"人家孩子比你还小呢,人家都会背好多诗歌了,你这说话都费劲。"

"你们班的小朋友都会了,怎么就你不会啊?你说你是不是笨蛋!"

……

第八章
妈妈和孩子的情绪都需要管理

说完之后，孩子是不开心的，妈妈自己也同样感到很憋气。

看到别人的孩子越来好的表现，便盼望着自己的孩子不能比别人差，但却直接跳过了自己孩子原本的"起跑线"。就好像是让一米五的小个子，非要够到3米多的篮筐，除非使用非常手段，单凭他自己在底下跳，那可真是难以实现的一件事。

怎么办呢？最基本的一个解决方法，就是我们要将注意力从别人那里，从别的孩子那里，或者说从一些所谓的"标准"那里拉回来。

因为每个孩子都有自己的成长进度，有的快有的慢，有的会表现出色，有的就很普通平凡，这都是很正常的。但是别人的孩子终究是别人的孩子，别人的标准多半都不大可能成功用在自己孩子身上。既然如此，何必非要用那些不切合孩子实际的标准来折磨自己与孩子呢？

要改变这个"总是希望落空"的境况，就需要从我们自己的思想开始入手，不要总想着让孩子走到多么远的地方，先把握当下，要看得到孩子到底走到了哪一步。你要先了解孩子，知道他做过了哪些努力，又取得了哪些成绩；你要看看孩子是不是尽力了，看看他是不是在这个努力的过程中感受到了成长的快乐，然后你才能根据他的现状来为他的未来做打算。

作为妈妈，也要能放下，不要关注那么多的"成长标准"，没有什么标准是孩子在当下年龄里必须要实现的，他的成长规律是独属于他自己的，早一分晚一分都不合适，他的成长需求自然会引导他在合适的时间里绽放。

当然，你也不是不能有稍微高一点的盼望的，你可以给孩子一些鼓励，提醒他，"你也可以做得更好一点，要不要试试看"。尽可能用这种温和而又坚定的、建议的语气去和他说，而不是命令他必须做好。毕竟3岁的孩子，依然处在探索世界的过程中，他可能成功，也可能失败，越是宽松自由的成长环境，反而越能让他尽情释放自己的能力。不拔苗助长，他就能将根扎得更深，未来的成长也就能在更为坚固的基础上不断提升。

还有一种情况，就是一些妈妈本身便对孩子有非常高的期待，这种期待无关乎外人，无关乎其他标准，就是妈妈自己给孩子定下的一个标准。这样的标准对孩子来说才是一种真正的痛苦，因为定下这种高标准的妈妈，对自己的孩子有着超乎寻常的自信，相信孩子一定能做到很多的事情，特别是在孩子按照标准完成的时候，妈妈会觉得自己的孩子潜力无穷，接着便会不断提升内心的标准。

就算孩子真的潜力无穷，但这种非自我意愿的被挖掘，他终究有一天会觉得厌烦，会拒绝表现得好，以此作为对妈妈频繁高标准的反抗。更令人遗憾的是，很多孩子并非那么天才，妈妈的高标准悬在那里，孩子怎么都实现不了，妈妈便也总处在一种焦虑中。当鼓励不管用的时候，就只能寄希望于吼叫了。而妈妈自己还会觉得，孩子变成了废物，自己则成了失败的妈妈。

仔细想想看，这难道不是自己给自己找了烦恼吗？想要培养孩子的心情是可以理解的，但盲目自信，盲目给孩子"加码"，孩子并不会受益，而是会感到无比疲劳，他觉得成长变成了负担，也就难以自动自发了。

所以到最后，还是需要我们调整思路与想法，那就是别把孩子逼得太紧，在他想要追求的道路上，我们只能提供助力，而不能去做引擎与推动器，要怎么走、走多远，是孩子自己的事情，我们只负责引导、负责给他答疑解惑。而且，越是没压力，孩子反而越能开发出自我的能动性来，这难道不是一件充满惊喜的事吗？何必从一开始就那么紧张不已地高标准严要求呢？还是放松下来，全家都放松下来，才会更容易感受到生活的美好。

46 培养情绪自我感知能力
——抓住四点，你也能"预报"情绪

在生活中，很多人会关注天气预报。看一眼预报，就能知道未来天气大致的走向，阴晴雨雪，一目了然，就能作一些相应的准备。

如果情绪也能有这样的预报就好了，一定有人会这样想。如果真的有这样的预报，我们就能在每次情绪爆发之前得到提前预报，然后找到合适的通路让情绪倾泻出去，从而避免情绪的突然爆发导致的自己及他人尤其是孩子的不适。

而实际上，这样的预报是有的，那就是"情绪自我感知能力"。这个能力不仅能帮助我们感知自我情绪，还能以此类推，去感知孩子的情绪。感知到自我的情绪，可以在冷静状态下进行调节；感知到孩子的情绪，也能不为他突然爆发的情绪所干扰，从而找到更合适的解决问题的方法。

这种能力很重要，为什么这样说？可以来看看这样的一个对比：

孩子从幼儿园回到家不太高兴，妈妈便想要询问一下。

妈妈甲一开口就是："怎么了？问你话呢，你说话，到底怎么了？

你不说话我怎么知道你为什么会是这样子？老师说你了？跟小朋友打架了？啧，你这孩子怎么这么闷呢？跟你说话你怎么不回应？"面对连珠炮似的询问，孩子无从插嘴，觉得越来越紧张，闭嘴不说的同时，也哭了起来。妈妈却变得更加焦躁了。

妈妈乙则是这样说的："看你不太高兴？"之后等待孩子的回应。孩子点点头，妈妈乙伸手抱了抱他，继续问："想说吗？"孩子又摇了摇头，妈妈便拉着他的手说："那就和妈妈抱一抱吧。"孩子安静地和妈妈抱在了一起，眼泪掉了几滴，情绪慢慢释放了出来。等到一切平静了，孩子忽然小声地跟妈妈说："妈妈，我就是觉得有点不开心，但我不想说。"妈妈点头："我知道了，现在好了吗？"孩子点头，笑了。

两位妈妈的表现，正是有无情绪感知能力的对比体现。不能感知孩子情绪的妈妈，显得更加焦躁，不在乎孩子的情绪到底怎样了，只关心自己到底能不能了解孩子的实情，自己能不能解决这个问题。而可以感知孩子情绪的妈妈，并不着急了解事情，会更在意孩子当下的情绪，关心他的情感，让他能释放情绪并逐渐趋于平静。这种温情的关怀，更容易让孩子放松下来，也有助于他情绪的释放。

而从孩子的感受来看，显然他更喜欢善解己意的妈妈。妈妈温柔的拥抱，让他可以不用那么紧张地去组织语言来表达自己的情绪，也不用担心自己不说会不会让妈妈生气，他只要专注于应对自己的情绪就好了。而那个反复追问的妈妈，只会让他感到紧张不安。才是刚上幼儿园的年龄，很多时候他是没办法好好表达自己的具体情绪的，他不开心、不高兴都是直接表现出来的。若是妈妈不体谅而只顾着拷问，会让他感到压抑；如果他说不出来，更会让他觉得是不是惹妈妈

第八章
妈妈和孩子的情绪都需要管理

生气了,这无疑又加重了他难过的情绪。

可见,这个情绪自我感知能力,是我们掌控自我情绪与了解孩子情绪的一大法宝。那么应该怎么培养呢?以下四大关键点不可错过!

第一,注意观察。

之所以要注意观察,是为了培养我们的定力。要想从自己身上、从孩子身上观察出点什么东西来,就必须要有耐心、有定力,只有这样才能发现自己到底会在哪些时候容易爆发情绪,也能发现孩子到底正在经历怎样的情绪变化。注意观察会让我们发现自己及他人身上情绪改变的苗头,从而为后来的行动铺好路。

第二,少点猜测。

我们自己情绪产生纠结,有一大部分的原因就在于猜测。盲目猜测,还总会担忧一些不好的事情,结果反倒让自己变得越来越烦躁。对待孩子,也是如此。总是猜孩子怎么了,即便是询问,也是猜测,不断地用自我感觉来逼迫孩子承认,这显然是有问题的。

尤其是对孩子的猜测,错误的猜测会让他对自己的情绪也产生了错觉,他一旦变得迷茫,我们岂不是更加不能明白他到底怎么了。所以与其猜测,倒不如允许他释放,你可以询问,能问出来就问,问不出来也没必要深究,你豁达一些,对你和孩子的情绪发展都有好处。

第三,想法积极。

如第二点所提到的,你越是想得消极,你的情绪也会越糟糕。孩子没有你想得那么糟糕,而你自己也是一样,何必把一件事想得那么复杂呢?简简单单,你不纠结,很多问题也就没那么棘手。

你要懂得宽慰自己,鼓励自己,也要能多关怀孩子。你爱他,不因为他表现得好,而是因为他就是他,他是你的宝贝,你要让孩子有这样的感觉。

第四，正视情绪。

情绪人人皆有。不管是你还是孩子，闹情绪都是正常的。作为成年人，你对自己的情绪要有个认知；而对待孩子，你也要意识到他的情绪是正常反应，不能无视，不能批评，尤其是不要说"不许哭"。

哭是孩子表达情绪的最主要手段，若是连这个手段都剥夺了，孩子用什么来发泄情绪呢？他该有多憋屈啊！所以，你倒不如站在孩子的角度去感受他的情绪，理解他当时的难过，拥抱、关怀，以让他更快度过这个情绪阶段。

47 教孩子学会正确处理情绪
——做自己情绪的 CEO

既然做了妈妈，那么你就不仅要学着调理自己的情绪，你还肩负着教育孩子学习正确处理情绪的责任。

有的妈妈认为，小孩子闹情绪是小事，等他长大了自然就好了。这样说就错了。不信你看看你自己，你没法好好控制自己的情绪，这并不是最近才出现的，它一定已经存在许久了，是在你身体里一点点形成的习惯，让你无法顺利处理，让你总是用吼叫来表达。

你想让孩子也变得和你一样用吼叫来解决一切吗？如果不想，那么在你解决自己情绪的同时，也要意识到，只有教孩子学会正确处理自己的情绪，他才能成为情绪的主人。

对于成年人来说，要应对情绪可以有很多方法，比如找人倾诉，

第八章
妈妈和孩子的情绪都需要管理

比如找事情来做一做，转移对坏情绪的注意力，还有一些更理智的人，通过自我情绪梳理，摆脱坏情绪。但是孩子却并没有那个能力，坏情绪是让他感到恐惧的东西，他无法理解，更不会处理，一旦他的情绪爆发，并不能自行解决。

这是因为孩子情绪的好坏全在于他是不是能获得满足，如果没有得到满足，他的负面情绪就会被引出来，不能自我控制的孩子，也就只能任由脾气暴涨。

对于孩子的坏情绪，很多妈妈采取的不是教他疏导，而是直接压制他，比如，会说"不许闹了"，提醒他"你这样是不对的"。而孩子原本就被坏情绪影响，内心感到很难过，现在被妈妈这么压制，他感觉更不舒服了。久而久之，这些被积压的情绪会让他越来越暴躁。

而对于妈妈来说，其实就相当于背负着两个人的情绪。不会处理情绪的孩子将自己的坏情绪都丢了过来，妈妈也会受到这种坏情绪的影响，自己也变得情绪起伏不定，家中也就经常出现孩子哭闹而妈妈吼叫的情况。

所以，我们也应该把如何处理坏情绪的步骤、方法教给孩子，让他学着掌控自己的情绪，从而做自己情绪的 CEO。

第一，引导孩子去接纳和体验情绪。

对于 3 岁左右的孩子来说，坏情绪当然不是什么好东西，这会让他不高兴，让他流眼泪，他排斥它，却又不知道如何应对。那么这时你就要让孩子学着接纳这个感觉，不要急着压制他，而是允许他发泄，让他的情绪保持一段时间。

你要告诉孩子：情绪是每个人都有的，并不是坏事；每个人都可以有情绪，当然他也可以；闹情绪与他是不是好孩子没有关系。

第二，用代入感来教孩子认识情绪。

让孩子感受你的情绪，这可能会使他更容易认识情绪。比如，你对他的某些行为感觉不舒服，就可以提醒他："你现在这样，让我感觉很不舒服，心情不好，我会有情绪，如果你在玩耍时我去打扰你，你是不是也感觉不舒服？会不会也闹情绪？"

这种代入感会让孩子意识到什么样的"不舒服"是在闹情绪，他也会认识到自己的情绪到底是怎样的一种东西。因为是来自于妈妈的情感代入，他就能发现原来妈妈也有情绪。那么依照这个年龄段孩子的心理特点，凡是妈妈也有的、也做的事情，对于他来说就会有一种莫名的"安全感"。那么以后再和他提及情绪，他可能就不会那么不知所措了。

第三，教孩子学会正确地表达情绪。

幼儿时期的孩子对情绪没法准确描述，但他的哭闹无疑是最直接的一种表达，不过我们总不能让他一有情绪就哭，所以也还是要教他学会正确表达。可以告诉孩子"如果你觉得不高兴，就要说出来。"他能说出来，你就能判断他到底怎么了。

你的询问应该是简单的、平和的，而不是有情绪的、有倾向性评价的，让孩子说出他哭的理由就可以了。当然，有的孩子不想说，不愿意说，也没必要逼迫他。比如有的孩子会说了，"我就是想哭一会儿"，那就让他发泄一下情绪好了。

第四，和孩子一起多增加积极情绪。

美好的事物会给人带来幸福感。更多地关注美好事物，人也能更容易产生积极的情绪。

培养好情绪是需要我们和孩子一起来做的事情，比如可以和他一起多看一些令人轻松愉悦的事物，一起分享快乐美好的故事，多欣赏色彩明快的图画，多听舒缓柔和的音乐，满足他的需求和他一起游戏，给他拍一些快乐的照片、视频，与他一起进行快乐的回忆等。

另外，也要注意一点，那就是我们的情绪也是左右孩子情绪的关键所在。所以，在教育孩子有好情绪的同时，或者说是前提，我们一定先要保持好自己的情绪，这样才可能正常观察、理解孩子的坏情绪，并引导他学会积极应对坏情绪。我们先做到了，再去教育孩子才更有说服力，也更能见到效果。

第四部分 摆脱吼叫
——孩子在成长，妈妈也要成长

04

成长并不是一件短期就能完成的事情。严格来说，每一个人的成长都是长期的，甚至说是伴随一生的。而对于每一位妈妈来说，真正成为妈妈，则是在孩子出生之后，所以妈妈的成长应该是与孩子的成长同步进行的。

但同样是成长，妈妈的成长又与孩子的成长并不一样。孩子的成长是自然发展规律，是顺应天性而发展；妈妈的成长则是对自我的一种调整，是为了能更好地发展自我，提升自己做妈妈的本领，并有能力胜任对孩子的教育而必须进行的一场自我奋斗。

如果说最初因为不知所措，你选择了吼叫来发泄，来应对，那么随着成长，你就要让自己变得更理智。摆脱吼叫，才能成为一个有智慧的妈妈，既能为孩子的成长助力，也能让自己的成长更适应并满足孩子的需求。

第九章
跟上孩子成长的脚步

很多妈妈的成长是被动的,孩子成长了才不得不让自己有所改变;也有很多妈妈是拒绝成长的,总认为自己的教育方式和教育方向没有问题,出了问题都是孩子的错。 这两种妈妈在育儿过程中都会遇到问题,也都不能顺利解决问题。 只有主动成长,主动去调整自己的教育理念、方式与方法,顺应孩子的成长特点去开展教育,才更适合孩子。

48 两三岁有独特的年龄特点
——那些不可错过的成长秘密

在说两三岁孩子前,先来看看两岁前及四五岁的孩子都有哪些表现。

两岁以前的孩子,更专注于吃喝拉撒睡,他需要摄取足够多的营养来保证自己身体的成长,也需要通过不断地活动四肢来适应世界,并探索自身与世界之间的联系。这时候的孩子几乎是完全依赖于妈妈的,他需要妈妈给予足够的关怀与照顾。而对于妈妈来说,这个阶段也是非常劳累的,很多时候还需要昼夜不停地应对孩子的哭闹。

当孩子四五岁的时候,其活动范围扩大了,接触的范围也扩大了,很多孩子已经上了一段时间的幼儿园,不管是生理上的调节,还是心理上的调适,较之前也都有了很大进步。这时候的孩子可以明确表达更多的事，自己也能做很多事。幼儿园的集体生活，让妈妈有了短暂的喘息，相对越来越规律的作息，也会让妈妈有一种生活逐渐步入正轨的感觉。

但唯独在两三岁的时候，与两岁前相比，他可以表达自我，想要追求独立，但也依旧依赖妈妈；然而与四五岁的孩子相比，他又做不到那么自信地自己去做更多的事情，在很多方面的表达也还远没有那么熟练自如。

两三岁的孩子，处在一个很微妙的时期，他经历着人生第一个叛逆期，想要做更多的事情，却又不能完全松开妈妈的手，想要表达更多的内容，可实际上他的很多话充满了不切实际的"自我膨胀"。就在这个年龄段的孩子，也真是一天一个变化，如果你不注意，如果你只顾着去找他到底做错了多少事情，那么你将错过很多有趣的时光，也将错过孩子每天都可能出现的细微改变。

第一，两三岁的孩子语言发展非常迅速。

他对周遭世界的好奇心越来越强，想要触摸，想要探索，所以他的问题也就随之增多。"这是什么""这个为什么""这个怎么了"……他会不断地问这样的问题，并且还会根据经历来发表自己的感想，只不过他的感想很简单，"我喜欢""我不喜欢""真好看""不好看"等内容，会经常在我们耳边回响。

但是有的妈妈对孩子的这个状态会觉得比较吵闹，不愿意让他多问，也不愿意多给他解释，对于他"喋喋不休"的样子，有的妈妈会觉得不能忍受。她们更希望孩子安静地遵循自己的意愿，"让他干什么就干什么多好，哪那么多话，还总是要折腾点什么出来，简直让人烦躁"。

第九章
跟上孩子成长的脚步

第二，两三岁的孩子活动量增加、活动范围增大，他可探索的东西会越来越多。

你会发现这时候的孩子对很多事物都要探究个究竟，只要是他不能清楚了解的，都想去摸一摸。

家里来了快递，妈妈没来得及拆封，快递盒子被放在桌子上。

孩子便开始了"探索"，询问道："那是什么？"

妈妈说是快递，他又问："妈妈你买什么了？是给我的吗？"

妈妈说不是，可孩子并没打住，接着问："那是什么？是给你自己买的吗？"

妈妈感觉有些乱了，简单回应："对，妈妈的东西。"

但孩子明显不罢休，又问了一遍："妈妈你买什么了？"

妈妈烦躁了，本来就忙碌，哪有心情理会，便吼了一句："你别管！"

妈妈继续忙去了，孩子果然没了声音。但等再出来，就看见孩子正趴在桌子上，用小手抠着快递纸盒子，盒子不算太大，他还会拿起来摇晃摇晃。看见妈妈过来，他居然又问了："妈妈，这里面到底是什么？"

妈妈没忍住，吼道："谁让你动了？你是怎么上来的？爬凳子、上桌子，摔着你怎么办？"

孩子没办法，默默地又爬了下去。妈妈一看，干脆拆掉快递好了。可妈妈拆的过程中，孩子又贴过来了，他非常想第一眼看见盒子里的东西，妈妈不得不一次次地推开他挡住视线的脑袋。

直到确定快递盒子里的东西真的与自己无关，孩子才走开了。但很快，妈妈又听到了他不停询问的声音，以及他来回跑的脚步声。

这就是这个年龄段孩子的常态，他对那些未知事物的探索，他想要了解越来越多的东西，他脑袋里的问题都是即时的，需要当下就得到答案，但同时他又迫切希望自己能够摸到更多，看到更多。

从这个小事例看得出来，妈妈需要极大的耐心，也需要对孩子的理解，倘若做不到这些，肯定会对这种情况产生烦躁感。

第三，两三岁的孩子可以明确表达自己的情感。

这意味着我们在分析、思考很多事情时，需要考虑到孩子的情感，特别是他哭闹时的情绪。两三岁的孩子会经历一个很爱哭的阶段，一不如意就会哭，而那个让他哭的原因在我们看来可能真的没什么，但对于他来说却是大事。比如对秩序的要求、对完美的渴求，都可能会引发他的哭闹。这也需要我们能意识到孩子这时的心理与情感，从而作出迅速调整，而不是一看见他哭闹就先自己烦躁，并试图以吼叫去阻止。

两三岁的孩子还有很多特点，而且每个孩子也都会有独属于他自己的表现，如果你不了解这个时期孩子的特点，那么你对他的拒绝以及厌烦的态度，都会让他的心理受到伤害。再加上有叛逆期的存在，他也会学着你的样子来否定你的态度，你们彼此否定，你发怒的吼叫与孩子不满的哭泣交织在一起，生活也会变得一团乱。

所以，要不断地观察孩子，随着他的成长，注意到他的变化，注意到他与之前不同的年龄特点，给予他包容理解，允许他按照自己的年龄特点去成长，不仅是允许他去感受自己的变化，也要感受他的变化。只有这样，才会发现孩子身上独特的细节，并从这些细节中体会到养育的乐趣。

第九章
跟上孩子成长的脚步

49 了解孩子的社会活动
——让自己的内心不再"翻腾"

当孩子两三岁时,很多妈妈会有一种"拴不住"孩子的感觉。这时期的孩子开始想要接触到更多其他的孩子,想要参与到孩子们的活动中去,也就是说他开始有了社会活动的需求。

社会活动意味着孩子就要去接近各种各样的人,所以,妈妈的内心就"翻腾"起来了:

他接触的是好人还是坏人?
对他自己的成长会带来怎样的影响?
他能跟着学好吗?还是被带坏了?
别的孩子愿不愿意和他玩?
他的行为有没有影响其他人?
他合群吗?他被孤立了吗?他被欺负了吗?
他参与的活动合适吗?
他在活动中能学到什么东西吗?
他可以融入活动吗?
他会有长进吗?
……

可能孩子还没有开始他的"社会体验",妈妈就已经在内心预演了很多可能出现的情形,担忧加上自己的个人感受,会导致很多妈妈对孩子的社会活动指手画脚。

比如，生活中会经常见到这样的场景：

孩子看见几个小朋友在一起，也想凑过去，可还没去呢，妈妈就说话了，"都是大孩子，你去干什么"，或者是"都是男（女）孩子，咱们换个地方玩"，又或者是"这个活动不好玩，我们不玩这个"，还有的则是"这个活动不适合你，你太小（大）了"。结果不管是交友还是活动参与，孩子一下子都被限制住了。

好不容易孩子和其他小朋友凑在一起了，或者好不容易孩子能加入一个活动中去了，妈妈又担心上了：

"别跑！"

"别摸那个东西！"

"你要让着小朋友。"

"你不能抢！"

"你怎么这么没礼貌？"

"别玩那个，换个游戏。"

"过来喝水，吃点东西。"

"你的手怎么不动？"

"你看别人都怎么做的，你得好好学。"

"啧，笨呐！你手脚得一起动啊！"

……

等到游戏结束了，妈妈依然"关心备至"，会继续追上来：

"别像××（别的孩子的名字）一样，那样做不好。"

"下次我们找别人玩吧！"

第九章
跟上孩子成长的脚步

"你怎么能抢人家东西呢?"

"他打你你别不还手啊!"

"有人欺负你的话你就来告诉妈妈。"

"我觉得这个活动不行,你都跟不上,下次不玩了。"

"你看人家做得都挺好,你可差远了。"

"我不喜欢这个活动,太闹腾了,你是小女孩,应该安静。"

"你说你一个小男孩,还不如人家小女孩玩得好,多丢人!"

……

上面这些情景,看上去是挺热闹的一个系列场景,不是吗?但这样下来,你觉得累吗?一定很累吧!没错,你累可孩子觉得更累!

孩子之间的社交需求,源于他们对世界的认知、对他人的好奇等一系列成长心理。孩子眼中的孩子之间的游戏,远没有我们想象的那么复杂;孩子们彼此之间的所谓的矛盾,也远没有我们所担忧的那么紧张。

孩子所参与的各种活动,其实是他对这种群体性交往及群体性参与的体验,他的重点不是要在活动中学什么,他是去感受那个活动的氛围,他享受的是与这么多同龄或不同龄的人在一起时的那种快乐的心情。他可能会在活动中有收获,也可能就只是去玩了,只要我们不那么紧张并强迫他必须在活动中收获什么,他就能自己去感受,这种感受将会帮助他以后主动寻找更适合自己的活动。

实际上,你的那些担忧,全是源自于对孩子的社会活动的不了解,你不知道他想要怎么做,也不知道他做了什么,更不知道他为什么这么做,再加上他是要离开你的身边投入到一个新的小集体中去,他口中所谈论的事情将会变成其他你不知道的内容……这些全新的体验会让一些妈妈感到恐慌。

也正是这种不了解，才造成了对孩子的误解。不知道怎么办的时候，就只想着通过"纠正"一些自认为是不好的事情，来确认孩子依旧在我们的掌控之中。你想要用自己的社会经验来影响他，更想要操控他的社会活动，这些心理都将成为吼叫的重要源头。

其实孩子根本没有我们想的那么复杂，他就是想要接触更多的人，而他也需要接触更多的人，他所参与的种种活动，对他的各方面都是一个锻炼，这些活动到底合不合适，也只取决于孩子自己的感觉，与我们的判断联系并不那么紧密。毕竟，好不好玩、有没有用，只有孩子自己知道。

反倒是你如果干预得太多，孩子每次想要融入集体时都会被你打断，他不得不听从于你，没法和小朋友们放松地玩，他渐渐地也会觉得厌烦，而且他还会养成依赖的习惯，一遇到事情就来求助你，完全没法专心致志投入到各种活动之中，到那时你可能又该觉得他这黏缠的样子很烦了。

所以，倒不如放轻松一些，在孩子活动之前，提醒他注意安全，注意礼貌，注意跟小伙伴友好相处。当他和伙伴们融入一起之后，只需要看着就好，遇到那些重大的安全问题或者涉及原则的问题时，可及时介入，但其他大部分时候，最好是能放手。

尤其是在孩子结束一次活动后，不要去评论好不好，不管是朋友间的相处还是活动本身的性质，都不要过多评论。可以听孩子讲述他的经历，和他分享他的快乐，倾听他的烦恼，给他一些小建议，但不要干涉太多。也不要因为他某些不算好的表现就训斥他，他总是要经历过后才能有所感受的，允许他成长，他才能真的成长。

第九章
跟上孩子成长的脚步

50 揠苗助长，还是"压苗阻长"？
——你所有的"任性"对孩子都是伤害

孩子的成长是让很多妈妈感到很揪心的一件事。有的妈妈觉得孩子长得太慢，便总想要进行一些超前教育，希望孩子能有更好的表现，即所谓的"不能输在起跑线上"；有的妈妈则想法相反，觉得孩子长得太快，便总是放任孩子，总用"他还小"来当成理由，拒绝让孩子成长。

结果，有的孩子因为揠苗助长，能力被过度开发，过早地透支了自己，少时才华横溢，稍长便"泯然众人矣"，沦为新时代的"方仲永"；而有的孩子却因为"压苗阻长"，能力被白白浪费掉了，不被开发，便慢慢懈怠荒废，这样的孩子变得什么都不会做，除了依赖于父母生存，独立都成问题，更不用提自我奋斗与生存。

那么，你是哪一种妈妈呢？

揠苗助长的妈妈，会显得相当急切，凡是与孩子有关的事情，她都很着急，生怕自己的孩子被落下，也生怕自己的孩子被别人超越。于是，若是孩子有潜力的，她会迫不及待地把这些潜力激发出来，哪怕那潜力还只是个苗头，并不"成熟"，她也并不在乎，只要孩子能力可以被开发出来就好；若是孩子没有潜力，妈妈更是采取逼迫形式，恨不能一下子给孩子安上这个潜能的开关。

这样的妈妈吼叫会更为频繁，孩子稍有表现不好，就会被吼叫训斥。这样的教育环境下，孩子也会变得很紧张，生怕哪里做错。而且，这样的孩子也比较喜怒形于色，他会经常迫不及待地让妈妈看到自己的变化，做得好了获得表扬就沾沾自喜，一旦做不好他会非常难过与害怕，久而久之，这样的孩子还会变得敏感脆弱。

但"压苗阻长"的妈妈，就表现得完全相反了，她不是不爱孩子，而是太爱孩子了，似乎怎么表现都不能完美体现她对孩子的爱，她事必躬亲，恨不能什么都给孩子做好，看到孩子安心享受，她会比孩子感觉还舒服。她的口头禅就是"他还小呢"，在她眼中，孩子永远长不大，也不需要长大。

这样的妈妈还会有一种奇怪的认知，她们认为，"等孩子长大了，自然就会了"。所以她们会放任孩子，给孩子所谓的"自由"，看到孩子主动学习、主动尝试的时候，她反而会阻挡一下，说："你还小呢，费这个劲干什么？有妈妈在，你不用操心，等你长大了自然就会了。"

这样的妈妈的吼叫，往往都会爆发于一个奇怪的时间点，那就是那些她认为"孩子自然应该会了"的时间点。

比如，3岁的孩子已经可以自己穿衣服了，但妈妈一直都没有给孩子这个机会让他自己穿衣服。可到了这个时间点，妈妈却任性地让孩子自己去穿。孩子一旦穿不上，妈妈立刻就愤怒了，她觉得孩子怎么能不会自己穿衣服呢？都长大了怎么可以不会呢？

在这样的环境下长大的孩子，其实也是很痛苦的，他一方面能够享受到妈妈无微不至的关爱，而另一方面却可能会在某些时候就遭遇莫名其妙的一句吼叫，"你怎么还不会"，他也同样是矛盾而敏感的。

其实不管是揠苗助长还是"压苗阻长"，都体现出了妈妈的"任性"。当你忽略了孩子本身自然的成长时，你眼中所谓的教育培养，就都只是你自己的意愿罢了。而所有不以孩子自然成长规律为原则的教育培养，对孩子都是一种伤害：要么他的能力被过度使用，要么他的能力被埋没。

孩子实际上对你的这些意愿是一种很矛盾的心态：一方面，他希望能做到最好，按照你说的去表现，得到你的夸奖；但另一方面，他感觉不愉快，被揠苗助长的孩子会觉得疲劳不堪，被"压苗阻长"的孩子则感觉什么都提不起精神来，他总也不能自由地去体会成长的快乐。

所以，我们也应该给自己的神经松松绑了，不要那么紧张。孩子的成长只要遵循自然规律，你只要能在他需要的时候给予他满足，在他想要独处的时候放手，对他的困惑给出建议，对他的求助给予适当的帮助，他就能够长得很好了。

作为妈妈，也不能只停留在过去对教育的认知上。不同时代的孩子有着不同的成长需求，不同的孩子也有独属于自己的成长需求。你只有不断地关注自己孩子的成长规律，在恰当的时候作出正确的选择与决定，并不过多干涉孩子的行为，才可能看得到孩子正常、自由且快乐地成长。

51 别人说的和别人家的孩子

——教育孩子，应慎用"拿来主义"

在教育孩子这件事上，很多妈妈信奉一个莫名其妙的"原则"，那就是"别人说的都是有用的"，"别人家的孩子都是值得学习的"。

所以，在生活中就会不经意地感慨道，"你看人家别人都是怎么教育的那孩子的，怎么教得那么好"，"人家××（别人的名字）说的就是有道理"……要不就是："你看别人家的孩子，都那么听话懂事，都已经会做好多事了！""你看××（别的孩子的名字），你怎么就不能像人家学学呢？"

这样的说法，背后其实是有两种涵义。

第一种涵义，是我们真的听到过"别人说的"内容，也看到过"别人家的孩子"那些良好的表现，针对这些真实存在的东西，我们有感慨，也有羡慕，更想要向他们好好学习，也要引导孩子好好学习，期待自己和孩子能在榜样的作用下有所进步。

第二种涵义，就比较抽象了，则是借助这样一种表达，来希望引起其他教育者或孩子的注意，然后借"别人"的口或行为，来表达那些源自于我们本身的期待。我们感觉从自己口中说出来的内容不能打动人，那就借助"别人说"和"别人家的孩子"来表达，好像一下子就能让他人、让孩子信服。

可实际上，不管是哪一种涵义，"别人说"的内容都只是别人的情况，"别人家的孩子"也是带着别人的特点，与我们自己和自己的孩子，又有什么关系呢？

有人讲，我们要虚心，要向好的表现靠拢，要以他们为榜样，也要让孩子以此为榜样。但我们学习榜样的方式却是有待商榷的。因为很多人一提及别人说的，简直就是将其当成金科玉律，尤其是一些名家专家的话，他能丝毫不加改动，也没有一丝犹豫地直接参照执行。如果看不到好的效果，他就会觉得这个专家说的不对，然后转而投向另一个专家。

对待孩子也是如此，看到别人家的孩子做了什么、学了什么、有了怎样好的表现，也非要求自己的孩子照样画葫芦，必须有同样的表现。若是

第九章
跟上孩子成长的脚步

孩子表现得不如别人家的孩子，那他得到的就只有吼叫和训斥了。

不妨思考一个很简单的例子。去买衣服，难道仅仅是因为店家说特别好看，特别适合你，就买下吗？显然不是，买之前一般都要亲身试试的，到底是不是跟店家说的一样。好看与否的标准不在于外人怎么说，而在于是不是真的适合自己，是不是真的合身。不然，一件在别人眼里再好看的衣服，对我们自己也没什么价值，因为不合身。

教育孩子也是一样的道理，别人说的内容，绝大多数都是没有问题的，都是对的，但前提是，别人说的内容都是适合他们自己孩子的，也适合他们自己的思想理念的；别人家的孩子之所以有那么好的表现，也是因为他们的父母按照他们的特点开展了恰到好处的教育，使得他的潜能得以被开发出来。

那么，当我们将这些出自"别人"的内容拿过来的时候，不能只奉行"拿来主义"就算了，一定要把这些内容拆开来看。看看这个内容源自于怎样的思想，它与我们的教育理念有什么不同吗？可以直接接受这样的内容吗？我们的孩子有什么样的性格、特性？我们的孩子有怎样的特殊问题？这些教育内容、理念与方法，对我们的孩子可能会产生怎样的影响？

在思考之后，觉得没什么问题，才可以试着去在孩子身上用一用。要记住，是"试着"，而不是放心大胆地去使用。因为教育内容是要放在孩子身上的，孩子才是那个最真切的体验者，他是不是能理解这些内容，是不是愿意接受它们，是不是能够跟随它们的指引去改变、去发展，都只有孩子自己才能感受得到。

在这个过程中，我们应该去观察，同时也去学习、去体验。如果这个新来的内容在孩子身上起了效果，那就可以好好学习这些内容的实质与精髓，并结合孩子自己的实际特点来将其融会贯通；如果这个来自于别人的教育内容、理念与方法并不适合自己的孩子，也并不意味着这就是错误的内容，因为孩子是存在个体差异的，而且还有使用的时机、力度、家庭氛围、周围的支持度等多方面的因素在起作用。所以，不妨去多做一些反思，这样才有助于我们打开新思路，找到更适合自己孩子的教育方式和方法。

归根结底，教育还是要从孩子自身出发，你应该更深刻地去了解自己的孩子，从他的身上去发现教育的良机，发现他需要提升的点，然后结合你从别人那里学到的正确的、先进的教育理念，开发出最适合自己孩子的教育方法。这样你的教育才会逐渐步入正轨，你才能摆脱总是追寻别人说的和别人家的孩子的教育套路。

其实每位妈妈都是"别人"，都能说出了不起的教育内容；每个孩子也都是"别人家的孩子"，都会有让人眼前一亮的表现。所以，你没必要总是羡慕他人，也不要总看着别人的孩子有多么好，多把目光放回到自己身上，放回到自己的孩子身上，对孩子进行纵向的比较，比较他的过去和现在，鼓励他的现在与未来，你会发现你的教育也将变得轻松愉快许多。

52　你的功利心要不得
——功利的教育比不教育更可怕

教育原本是一件自然状态下自然发生的事。有了孩子，我们的身份就自动转换为父母，教育孩子就是身为父母的一份不可推卸的责

第九章
跟上孩子成长的脚步

任。将孩子教育成一个有原则的好人、一个可以独立的人、一个能够在社会上独立生存下去并对社会国家有益的人，这就是教育最基本的目的。

但是很多妈妈是贪心的，致力于要将孩子培养成"比别的孩子要好"的人。如果妈妈自己是个成功人士，那么她会有非常强烈的欲望，想要让孩子和自己一样，甚至比自己更成功；如果妈妈自己就是个普通人，那么她的愿望会更为强烈，巴不得让孩子摆脱自己这样的平庸生活，成为人人艳羡的存在。

于是带着这样的心思，在培养孩子的过程中，有的妈妈就不自觉地变得严格起来，给孩子定下了严格的规矩，为他设好极高的标准。而且，这个规矩和标准并不是一成不变的，会随着别的孩子的变化而发生变化。

孩子在这样的高压教育之下，不得不奋力挣扎，取得一个好成绩并不算好，他也不能松口气，因为妈妈永远都有类似"别人已经赶上来了""你要赶上人家"的话在等着他，他就需要不断地继续奋斗。

有一位妈妈就曾这样讲道：

我小的时候，我妈其实就挺功利的。我那时候表现也还算不错，然后她就特别享受夸奖我的感觉，她在外人面前夸奖我，或者乐呵呵地听着外人在她面前夸奖我，这都让她觉得很有面子，或者觉得自己教育得特别棒。

可实际上，每次她这样夸奖，我一点都不高兴，觉得特累，因为我要不断地往前赶，分秒必争地学习和好好表现，才能维持得住这种夸奖。

时间长了，我并不觉得这是鼓励，我觉得这是负担，以至于每次她夸我，我都心里一沉，都想堵上耳朵不再听。

我希望自己是平凡的，没有那么多人关注，我想自由自在地成长，能做出成绩来当然好，平凡普通我也没觉得有什么不好。

现在我有了自己的孩子，我希望自己可以成为一个理智的妈妈，不被功利心所迷惑，不给孩子徒增无畏的烦恼与负担。

被妈妈的功利心所束缚的孩子，会一直生活在高压之下，他会对自己的能力也产生一种迷茫感，他不知道自己到底做到什么样子才是可以松口气的时候，因为他将不停地被驱赶着前进。妈妈所谓的鼓励，其实就好像小鞭子，妈妈抽得痛快，却不知道孩子内心的痛苦。

简单来说，功利心就是一个人对名和利的追求心理。妈妈们有功利心，在一定程度上可以说是追求的是孩子的名与利，以及自己从孩子的表现上所感受到的那种荣光与骄傲。

要说起来，孩子对这些名和利，原本是没有概念的，但是现在很多孩子却对这些非常计较，哪怕是很小的孩子，也知道"如果没得第一就是件坏事""不如别的小朋友做得好就要挨批评""如果能得到众人的夸奖就证明自己很了不起""如果做得好就永远都是最棒的"……孩子对名利的理解来自哪里？与妈妈有功利心的教育不无关系。

正是因为有了功利心，孩子再看待他所接触的一切事物时，就不会那么自然地去体会其中的美好了。

比如，画画，自然发展的孩子会随意选择自己喜欢的颜色，画出自己想要画的线条和色块，如果是填色游戏，他在用色上也是大胆而自然的。但有功利心的妈妈，会强调让孩子画得"像个样子"，至少横平竖直圈要圆，颜色也要准确无误，画要有内容，瞎涂瞎抹一定是不行的。

第九章
跟上孩子成长的脚步

孩子带着功利心去画画，画中便少了自然的灵性，而且这样的画也并不是出自孩子本身的自由意愿，是由妈妈引领着画出来的，表现的是妈妈"喜欢"或者"想要展示出来"的样子。

结果，孩子想画的内容不能画，他画出来的东西并不是自己喜欢的，他体会不到画画真正的快乐，唯一能让他感到开心的恐怕是妈妈对他的夸奖。但这个夸奖是什么呢？很可能是"真听话，你画得很棒"。孩子体验到的依然是来自于妈妈的恭维，但他的灵性却这样被一点一点压制不见了。

不仅是画画，还有识字、计数、背诵诗歌、各种动手能力，这些内容的培养，都有可能会因为妈妈的功利心而变了味道，孩子大量的精力都被转移到了"如何才能得到更多夸奖"之上，他完全体会不到在学习过程中的快乐，也体会不到这些内容中的深刻含义，他为了学而学，孩子的成功又怎能保证呢？

而且，一旦孩子因为妈妈的功利心也对名利上了心，那么他会变得很脆弱，他的生命里将会只愿意接受成功，从而拒绝接受任何情况导致的失败，只要他做不到，他就会犹如天塌。不仅如此，他也会拒绝看到他人的成功，一切不能让他受到夸奖、让他感受到成功喜悦的事情，在他看来都是错误的。这样的孩子会非常敏感，也会非常看不起人，他的骄傲也是伪装出来的，轻轻一碰就会碎掉。

不要让孩子变得如此可怜，应该让他知道，不管成功失败都是正常的，名利也不是人生追求的重点与终点，这才是教育应体现出来的重要内容之一。当然，这还有个大大的前提，就是做妈妈的先懂得这些，认同这些，不再让自己迷失。要知道，功利的教育，比不教育更可怕，不可不谨慎。

53　3岁孩子的"玩世界"
——不扼杀，不放任，善引导……

3岁的孩子拥有一个怎样的世界？这是一个值得关注的问题。

简单来讲，他的世界就是"玩世界"。这时的孩子身体四肢运动更为灵活了，也基本掌握了玩具的简单玩法，一些游戏也可以听懂规则并继续下去，同时他也有了想要参与到集体活动中去的需求。

如果说3岁之前的孩子主要的活动空间是家里，是父母尤其是妈妈身边，那么3岁之后，他的玩世界就进一步扩大了，若是有可能，他更乐意一整天都沉浸在游戏之中，包括吃饭、睡觉。这正是这个年龄段孩子的一大特点，喜欢玩，渴望玩，如果有人能陪他玩，他会更加开心。

但是，有很多妈妈却并不能理解孩子对于玩的这种渴望。如果孩子真的全身心投入到了"玩世界"中，把一切都当成游戏，时刻带着玩的心思去对待一切，妈妈就感觉不淡定了。因为3岁开始，孩子可以理解更多的话语内容了，也具有强大的学习能力，正是为了未来人生打基础的关键时间点，所以妈妈们开始错误理解"3岁看大"这句话，将其看成是"如果3岁没长进，以后就彻底失败"的这种绝对论调，生怕孩子在这个阶段因为只顾着玩儿没学到东西，或者干脆是没学好，而耽误了以后的人生。

所以，孩子们进入3岁后，原本是想着构建更好玩的世界，但妈妈们却焦虑起来，已经开始忙着灌输知识、培养能力，美其名曰"为

第九章
跟上孩子成长的脚步

了以后""为了他好"……结果孩子与妈妈之间出现了观念上的冲突,而显然孩子是弱势的一方,疯玩的孩子并不能用他玩的时候那种尽情的快乐打动妈妈,反而是妈妈利用自己强势的成年人威严不断地约束孩子。在劝说无效的情况下,妈妈就会采取大量的吼叫来震慑孩子,希望孩子能尽早按照妈妈的希望打好基础。

这对矛盾中间谁有错吗?要说严重的错误,并没有。孩子没错,他的童年理应是被各种玩耍包围的;妈妈也没错,为了孩子操劳,希望孩子未来能好,这种源自于母性的本能也是毋庸置疑的。那为什么还会有矛盾呢?这主要问题还是要归结到妈妈自己身上来。

作为一个远比孩子更具备理性的成年人,不能把孩子的成长看得太过于严格理性了,"3岁看大"是没错,这句话的道理是没问题的,错就错在我们错误地或者过于教条地理解了它。不是说3岁时孩子学不好,未来就不好了,来到世界才1000天的孩子,你能指望他对这个世界了解多少?他依然是在探索、在追求,他的好奇心远还没有得到满足。你贸然剥夺了他玩的权利,强迫他去学习,并训斥他不听你的话,这对于他的探索都是一种扼杀。他需要好奇心去支撑探索,你强硬的态度只会让他对这个世界产生厌恶,对自己产生厌恶。

那么就放任孩子去玩吗?也不是,还是那句话,作为一个理性的成年人,在很多方面你还是要比孩子更有智慧的。何必非要搞得那么严肃?你完全可以想办法,让孩子的学与玩结合起来,比如把我们希望孩子学到的东西转化成游戏来进行,既满足孩子玩的需求,又让他在玩的过程中学到了东西,一举两得。

对于孩子来说,游戏可以促进其身心的健康发展,通过游戏,还将会参与到周围的世界中,并让自己的想象力得到不断发挥,从而发现可以更灵活地使用物体、解决问题的方式，还能为其未来成人的角色作准备。

游戏将会对孩子各个领域的发展都产生影响，比如感官刺激、肌肉锻炼、视觉与运动之间的配合、对身体的掌控、习得新技能等。游戏是每个孩子的权利，也对他的成长发育有着极为重要的作用。

所以，作为妈妈，要尊重孩子玩的需求，这时候他所经历的一切，都好像游戏一般，他对待一切新奇的事物，也会像是在参与游戏。你要顺应孩子的需求和他对世界的理解去开展教育，用他的视角来寻求能让他得到满足的做事方法。

比如，你想让孩子养成自己刷牙洗脸的好习惯，像提醒成年人那样提醒孩子，孩子会觉得厌烦。但你换成"来，我们要继续和牙菌斑作斗争啦！我们要拿起小牙膏和小牙刷这个武器，为了保护牙齿，冲啊"，换成"哦，洗干净小脸来比比看，看谁先洗完，看谁的小脸干净又香"……这样一来就站在了孩子的角度，虽然是游戏，但你终将实现自己想要的目的，他会主动去洗脸刷牙，久而久之，习惯自然会养成。

不要剥夺孩子玩的权利，你要尊重孩子想玩的意愿，你最好走进3岁孩子的"玩世界"，去体悟他的感受，感知他的心情，了解他的想法，把自己变成他的玩伴，和他一起在玩的过程中经历生活，感受生活。

第十章
提升处理家庭及其他问题的智慧

很多时候，一些妈妈的吼叫并不一定是源自于孩子的问题。事实上，正是因为生活中总是会遇到问题，而这些妈妈对问题的处理方式又没那么有效，这才导致她们情绪的崩溃，进而吼叫不断。所以，教育孩子的同时，也要提升自身处理家庭及其他问题的智慧，解决掉周遭的问题，情绪平和下来，再去面对孩子，自然也就不会那么急躁了。

54 请先处理好夫妻关系
——送给孩子的最好的人生礼物

如果说要给家里的各种关系排一个顺序，你觉得哪个是第一位的呢？亲子关系，夫妻关系，还是其他关系？

有相当一部分妈妈会选择亲子关系，她们认为，教育孩子是家庭中的重中之重，只有孩子教育好了，其他的事情也就都没问题了。但事实真的是这样的吗？

想象一下，妈妈和爸爸因为家庭琐事发生了争吵，两人都在气头上，或者说两人都在为了证明自己的正确而愤愤不平，这时孩子过来了，想要和妈妈玩游戏，或者孩子遇到了问题想要求助，在当时的情况下，如果你是那位妈妈，你有心情去面带笑容地和孩子相处吗？如果孩子在你们争吵的同时犯了错误，你还能冷静地来处理他的问题吗？

当然不能排除的确有那种自控力极强的人，会在瞬息间转换自己的情绪，能始终以良好的状态来应对孩子，但那样的人太少了。现实生活中，绝大多数妈妈还是普通平凡的，很难做到在夫妻之间闹矛盾的前提下再去好好对待孩子的。也就是说，大多数情况下，你是没办法将亲子关系始终放在第一位的，因为那个与你最亲密的爱人，和你产生了裂痕，只要这个裂痕不修复，你的内心始终有一道坎是迈不过去的。

有的妈妈会说了，孩子才是与我最亲密的人，孩子的爸爸并不是。虽然从血缘关系上来讲，孩子的确对每一位妈妈都有着非比寻常的意义，但是从情感关系上来看，那个与你同龄的、共同构建家庭的、肯听你倾诉的、可以给你温暖的、能够理性包容你的孩子的爸爸，才是这一生与你最亲密无间的人。

这是不能否认的事实，良好的夫妻关系，会让夫妻双方都感到身心愉悦，遇到问题彼此商量解决，有了烦恼可以互相倾诉安慰，可以沟通心灵，可以在对方面前完全放松，这是就连面对父母可能都无法做到的事情，也是只有夫妻之间才可能有的一种奇妙的氛围。

而这种氛围一旦被打破，一旦夫妻关系陷入紧张，你将始终处在一种压抑与愤怒之下。你会在内心不停地抱怨孩子的爸爸，他的问题也将上升到你内心中的首位。这时如果孩子过来向你要求任何事，你都只会有一种感觉，那就是"我自己还烦着呢，你爸爸都不管我，你还来烦我"。

年轻妈妈大都希望自己能在另一半面前撒撒娇，受到呵护。如果这种需求得不到满足，不管是对方不理解，还是争吵或是指责，都会

第十章
提升处理家庭及其他问题的智慧

让妈妈内心备感受伤，这种伤害，孩子无法抚平，而另一半却可以。

相反，如果夫妻关系融洽，大家都会感觉很轻松，这时候你才可能全身心地投入到对孩子的教育之中。良好的家庭氛围会带给你一种积极向上的感觉，你再去看待孩子时，也会更容易发现他身上好的地方，而对他的错误也会有更高的容忍度。而因为夫妻关系良好，你们彼此在教育方面也会有共识，这样妈妈开展教育的同时，也会获得爸爸的助力，你会觉得轻松许多，愉悦很多。是啊，没有压力的生活，又怎么可能快乐不起来呢？

所以，不要只将目光放在亲子关系上。在你不能好好处理夫妻关系时，你的整个人都是焦躁不安的，在这样的状态下去开展教育，你只会给孩子带去无尽的压力。因为你会将对先生的不满都转嫁到孩子身上，你在先生身上得不到的东西，则会希望从孩子身上得到，这对于3岁的孩子来说，将会是多么沉重的一种负担。

关于夫妻关系的重要，再多说几句。中华传统文化强调，夫妻关系是五伦关系（父子有亲、长幼有序、夫妇有别、君臣有义、朋友有信）的核心。所以，家庭中最重要的一定是夫妻关系，而不是亲子关系。夫妻关系做好了，其他什么都有了。夫妻一定要和，家庭一定要和，家和才会万事兴。良好的夫妻关系胜过很多对孩子的教育，也是送给孩子的最好的人生礼物。因此，必须要将夫妻关系放在第一位。有了良好的夫妻关系，夫妻之间才能有更深入的沟通，即便是遇到了教育孩子的问题，也能彼此合作来解决。

那么说到处理好夫妻关系，又应该怎么做呢？

最先要做的就是要摆正自己的位置。你是谁？你是妻子，是和丈夫相濡以沫的平等的人，不是家中的领导者，也不是上位者，所以不要太强势地在家中发号施令,也不要咄咄逼人地想要凌驾于丈夫之上,要心地善良,要精厨艺,善洒扫,会收拾家。另外,夫妻彼此是平等的,好好说话,好好商量,有问题了一起解决,不要自己硬扛。

很多女性在做了妈妈之后,就变得"权威"起来,将丈夫也当成孩子一样去对待了,一说话就是教训孩子的口气,总要强调自己是正确的,总希望家中所有人都听从于自己,这是引发很多家庭战争的原因。在丈夫面前,是妻子,在孩子面前,才是妈妈,不要搞错了,只有认清自己的位置,才不会有过分强势的心思。给予丈夫应有的尊重,丈夫也会有同样的回馈。

这些话由我来说,好像也不是太合适,会不会让女性朋友感觉一点不舒服?会不会感觉有一点对立?好像只针对女性,有点不公平,是吗?如果有,我想那也绝不是我的本意。但本着传递正确价值观、教育好孩子的原则,我想该说的还是要说。无论是书的读者还是课程的听众,每次我都会面对不同的群体,但只要有机会,我都会把类似的观点传达出去。

上面是对女性说的,而真正对男性说的,可能会更多,这里不妨也多说几句,好让女性朋友感到心安一点。

作为丈夫,要讲"四义",即德义、情义、恩义、道义。德义,就是对父母、岳父母四位老人要有孝心,要能抵制吃喝嫖赌吸等不良嗜好;情义,就是对妻子要多鼓励,多爱语,懂得制怒,长本事减脾气;恩义,就是对家庭多付出,对妻儿女多关怀,懂得感恩体贴妻子;道义,就是对家庭负责,在这个时代坚决不受各种诱惑,没外遇,连外心都不要有,懂得珍惜夫妻之间来之不易的缘分。

还是再说回来吧,因为本书的读者重点还是要做好妈妈的女性

第十章
提升处理家庭及其他问题的智慧

朋友。

作为妻子,最好是温柔一些,不管是说话做事,要给丈夫留一些余地,也要给丈夫发挥的机会。做到性柔如水是一种高超的智慧,因为柔能克刚,因为柔弱胜刚强。而在孩子面前,你也要让孩子知道爸爸的伟大,尤其是经常不回家的爸爸,要帮他在孩子面前建立威信,帮他与孩子建立联系。

如果彼此真的遇到了问题,躲开孩子去自己交涉,不要把调解矛盾的责任推给孩子,我们应该勇敢承担自己的责任,并自己想办法解决问题,孩子也会从我们解决问题的过程中学会处理矛盾的方法。

最后,永远记得一个真理:让孩子充满幸福感最有效的方法就是给他一个幸福美满的家。好家庭,夫妻造;夫妻同心,其利断金。

55 融洽家中所有参与教育的人
——做最好的"中间人""协调者"

现在的很多家庭中,年轻的父母本身就是独生子女,年轻的爸爸妈妈们再生育下一代之后,家中也就自然变成了全家的所有成年人一起教育未成年人的情况。但是,就如夫妻之间都会存在教育理念上的差异一样,所有参与到教育下一代这件事上的人,都会对教育孩子有自己的见解,彼此之间的看法也会有不同,甚至是矛盾。

如果不能调和这些矛盾,那么对孩子的教育就会变成几方互相博弈,成年人之间在教育方面的争执,会让受教育的孩子变得困惑,他不知道应该听从于谁。同时也会让孩子学会看脸色行事,学会找靠山，更容易引发他对长辈的不尊敬之心。

所以，身为晚辈的我们也肩负着重要的"中间人"的角色，需要协调全家人的关系，使得所有参与到下一代教育中的人都能保持和谐融洽。

首先，尊重所有人的教育之心，大家都是为了孩子好。

年轻的父母们第一次面对一个新生命，除了从一开始的手忙脚乱慢慢变为驾轻就熟之外，多数都会想要将自己之前学到的教育内容付诸实践，或者开始下定决心要将孩子教育成才，这是父母的责任，其实也是父母的一种本能。

而除了孩子的生身父母会有这样的想法，父母的父母们，家中的诸位长辈，也同样有这样的想法，他们也想要为了帮助下一代教育好第三代而付出自己的力量。从他们的角度来讲，不管是照顾孩子还是教育孩子，他们都是有一定的经验的，所以他们也想要给予儿女帮助，并想要将自己的经验传授给儿女，想要让儿女少走一些弯路。另外，长辈们其实也都是有希望的，他们希望在将儿女培养成人之后，也在教育第三代上实现自己的某种价值。

所以，应该意识到这样一点，孩子并不是我们的"私有物品"，他身处一个大家庭之中，身处一个良好的教育氛围之内，这是一件好事。

其次，协调所有不同的声音，新旧观念都有道理。

作为新时代的父母，我们与长辈们在教育方面肯定会有不同的理念、方法，可能很容易就会出现冲突矛盾。但是，我们不能因为观念不同，就去反对长辈，尤其是不要毫不犹豫地说"你说的不对"，并开始嫌弃长辈。

第十章
提升处理家庭及其他问题的智慧

新观念的确具有时代感，是紧跟时代潮流的教育方向，但是旧观念之所以能长留不衰，却也一定是因为它有可继承的道理。各有各的好，各有各的可取之处，一棒子打死都是不对的。

作为晚辈，你可以尝试站在长辈的角度去思考，可以去和他们聊一聊，询问为什么这样做的原因，也可以真诚地讲出当下时代的需求，讲出你和他们不同表现的原因。

心平气和，彼此沟通，不是求最后谁说服谁，而是求能在大体教育方向上保持一致。至于说观念、方法不同，只要都是为孩子好，又有什么不可以呢？只要协调好，两种观念、方法并非水火不容的。

再次，一定不要互相指责，尤其是在孩子有问题的时候。

人们在遇到问题的时候，总喜欢去确定谁的对错，然后针对这个原因去指责。若是孩子出了问题，在某方面表现不好，比如孩子不能自己好好吃饭，那么家中很可能就会上演这样一场彼此指责的戏码：

年轻的父母指责自己的长辈："你们总是喂他，总是顺着他、护着他，看他不好好吃吧，不喂就不吃，都是你们给惯的！"

而长辈也会反过来指责晚辈："你们什么都不懂，凭着感觉瞎胡闹，那么小的孩子你不喂，他会什么？以后再学自己吃也不晚！"

指责的目的，都是为了让被指责一方认识到自己的错误，并承认错误，进而顺从于指责一方。但显然，并不是所有人都能做到"一被指责立刻顺从"的，而是都会反驳一番，都会想要为自己证明。结果，一旦争执起来，问题就被搁置在一旁了，反而是互相挑起对方的错来。

所以，从晚辈的角度来说，就算是父母的原因导致孩子出了问题，也不要随意就去指责，你并不能站在道德的制高点去评判自己的父母（岳父母、公婆），老人也是有尊严的，晚辈这么说他们，便是对他们不敬。

孩子有了问题要先分析，趁着他还小，想办法去解决。哪怕父母真的错了，也没必要那么直白地指责，用你能找到的正确的做法，尽快导正孩子，让父母看到正确的表现是怎样的，用事实来解决这场争端。

最后，不要用亲情去绑架孩子，只要合理，就都是好的教育。

有的妈妈私心重一些，会在私下里对孩子说："我才是你亲妈，你得听我的，别人谁说都不行。"这就是在用亲情来绑架孩子，让他因为这样一种血缘纽带，而不得不听从于妈妈。

不要觉得这是一种无奈之举，这其实只意味着你可能是没有办法处理好家庭关系而已。要知道，教育孩子的过程并不是只靠你一人之力就能完成的，你势必要借助他人的力量。有人说，我看书、听专家讲课，我自己学习……这些方法都没错，但是来自长辈的言传身教也是你积累教育经验的一种重要方式。还是那句话，都是为了孩子好，只要是合理的教育方法，为什么要拒之千里之外呢？

总之，不要因为家中有太多人参与到教育过程中来就觉得很烦躁，那只是因为你看问题的角度只站在了自己这一边。你应该站得更高一点。孩子肯定要面对更多的人，他不只是面对你，不同的人给予他不同的影响，也是他成长过程中的正常经历。

其实你只需要保证家中所有参与教育的人给予孩子的都是合理的、不偏颇的教育，给予他的都是正向的影响就够了，保证他的身体不会受到损害，他的德行不会出现偏差，这就可以了。放轻松一些，

第十章
提升处理家庭及其他问题的智慧

不要给自己那么大的压力,这对全家人来说,都是一件好事。

56 关注孩子以外的生活
——示范一种积极向上的生活态度

来进行一下简单的回忆,自从有了孩子之后,想一下你的生活:

你有多久没有为自己添置新衣了?
你是否还会为自己的干净利索而操心?
你还会经常给自己找乐子吗?
你曾经的兴趣爱好如今还在吗?
你和另一半还有快乐共处的时间吗?
……

很多妈妈在这些问题上的回答可能都是否定的。自从有了孩子,她们会彻底抛弃自我,一门心思都扑在孩子身上,花大把的钱为孩子添置新衣、新玩具,更愿意去装扮孩子,一切行动都以孩子的需求为主,放弃所有可能占用自我时间的活动,所谓的"一切为了孩子"成为她们生活的主基调。

但如此一来,孩子真的如我们所想的那样感觉得到幸福吗?未必。

经常会听到有妈妈这样对孩子说:"我为你付出了那么多,你怎么就不知道体谅呢?你怎么就感觉不到我对你的好呢?"

对于妈妈这样的想法,孩子是倍感压力的。即便是3岁的孩子,你这样一副"我都是为了你"的样子，他也会感到有压力。他没有那么大的本事，做不到尽善尽美，但如果他做不到，就会变成"不知道体谅妈妈"，这种矛盾的心理当然不会让他感到愉悦，而一定是心生烦恼，甚至他会变得更加不知道怎么做，这也是他总会犯错的原因。而在我们看来，不知道体谅的孩子，自然也是全身从头到脚都是错了，吼叫也就不可避免了。

当我们对一件事过分投入关注时，反而更容易出差错，因为我们的精神会高度紧张，变得疑神疑鬼，一些本不能算错的地方，也会被归类为错误。教育孩子也是如此，我们对他投入了太多的精力，且完全抛弃了自我，紧张的情绪让孩子也会受到感染。

想想看，一个不修边幅且精神紧张的妈妈，总是在孩子身边"虎视眈眈"、大吼大叫，孩子怎么可能安心快乐且自由地生活呢？他又怎么能感受得到幸福的存在呢？

但相反，如果你先努力过好自己的生活，你每天都会精心打扮自己，不求多么妆容精致，但至少要刷牙洗脸将头发梳理整齐，穿戴干净整洁，家里也收拾得井井有条，孩子一眼看到就会觉得妈妈很精神，他也会乐意让自己精神起来。如果你依旧延续自己的兴趣爱好，孩子会从你这里也受到熏陶，他的性格也会随着你的快乐而变得开朗起来。

当你能精致生活的时候，你带给孩子的就是一种积极向上的生活态度，你几乎用不着催促，也根本不必担心孩子会变得拖拉、散漫、毫无精气神，你的态度就将是他自动模仿的最佳榜样。所以，我们应该把自己的生活重新找回来，即便有了孩子，也并不意味着属于我们自己的生活要全部被放弃。

第十章
提升处理家庭及其他问题的智慧

你需要安排好时间。在孩子还小的时候,他可能需要占用你很多时间,但至少你可以把自己打扮得干净、整洁、精致一点,让他眼中出现的妈妈,始终都是那样端庄、大方、优雅。孩子大一些了,你也要给自己留出独处的时间,孩子也并不是总需要你陪伴不离左右的,他也会有自己想要独处的时候,那么当他独处时,你不如抓紧时间,不是说你要远离他的视线,在你们彼此视线可及范围之内,你可以拿一本书来看,可以拿一支笔来画,也可以听听喜欢的音乐,做一些能让你放松心情、享受生活的事。

等孩子到了3岁,可以去幼儿园了,你可以及时调整自己的时间。虽然幼儿园经常会有需要家长参与的活动,但你还是会重新拾回很多属于自己的时间的。你不妨把之前没顾得上的事情再重新拾起来,不要安排那种会完全占用你所有时间的事情,还是需要循序渐进地将自己的时间用自己的事情再次填满。

比如,可以学一学之前一直没机会学的小技能,绘画、编织、书法、烹饪、烘焙、手工小制作等等,都是既能够增长本领,也能涵养性情,还能提升生活质量的内容;还比如,把之前丢下的锻炼再续接上,跑步、跳绳、瑜伽、游泳、跳舞等等,让自己始终处于一个精力充沛的状态,也会更有耐性与精力去应对孩子的问题。

当然,也可以与另一半多一些独处的时间,彼此谈心、交流、沟通,哪怕只是一条微信,只是一句简单的问候,或者只是聊一下吃什么……适当赞美一下对方,多给对方一些鼓励,甚至对他有一点小崇拜……这都是帮助夫妻双方保持良好关系的良性互动,也会让你暂时从带孩子的烦恼或者繁琐之中脱离出来。

要明白一点,只有你感到快乐了,轻松了,你的情绪才会始终保持健康快乐，孩子也会因为你的快乐而变得轻松起来。

57　孩子不是你的"出气筒"
——善于处理自己的情绪垃圾

很多妈妈有一个奇怪的表现：没有孩子的时候，如果自己生气了，可能会生闷气，可能会找朋友倾诉，也可能干脆就和对方争执一番，如果是丈夫，那就更是毫不顾忌地吵一顿，将怒气发泄出去；可一旦有了孩子，就好像所有的怒气都找到了出口，只要自己不开心，就去孩子身上找平衡，要么是训斥孩子，要么是对孩子抱怨，总之就是将那个小小的孩子当成了丢弃负面情绪的垃圾桶。

一位妈妈就表示这也是无奈之举：

本来就因为各种事烦躁不已了，结果孩子还非要这时候过来凑热闹，什么陪他玩啦，什么帮他做点事啦……

如果遇到他这时候找茬犯错，那我的火气真是一点都压不住，也不想压，趁着这时候干脆就一起释放。

我也不想总这样吼孩子，但是情绪都堆积在那里，不释放出来我觉得太难受了。反正孩子也小，他也听不懂什么。

生活中，这样的场景也比较常见。但我要说的是，真的不能这么不在意孩子的，虽然他的确很小，虽然他可能的确不太明白你到底说了什么，但他也是一个独立的人，他是能感受得到你的情绪的。你糟糕的情绪是具有传染性的，他一边受到你糟糕情绪的传染，一边也会

第十章
提升处理家庭及其他问题的智慧

因为你的发泄而自己产生新的负面情绪，多重负面情绪会在他小小的内心叠加起来，你可能真的没有意识到，这个个体独立、人格也独立的幼小生命也一样会难过的。

类似"反正他也听不懂"的观点是有问题的。他可能不懂，但他能感知。所以，"他也听不懂"并不是你可以随意对着孩子发泄出气的理由。你不用说什么，孩子敏感的神经会感受到你的不愉快，他已经能感觉到不舒服了，你再对他吼叫发泄，他也会用糟糕的情绪来回应你。这势必会变成恶性循环，你们都在相互伤害，而且你对年幼孩子的伤害要远远大于他给你带来的情绪损伤。

有的妈妈会说了，我忍不住。其实这种"忍不住"，意味着自己找不到其他方法，只能在比自己弱小的人身上去寻求某种心理的平衡；也意味着你并没有把孩子当成一个独立的人来看，而只认为他是属于你的私有物，你可以随意处置，你还没有转换好对孩子的情感。当然，你可以不承认，但事实就在那里，这个问题很值得思考。

既然如此，那又该如何避免将孩子当成出气筒呢？

首先，你要培养自己的自控力。

这个自控力，指的是你能控制住自己不向孩子发泄情绪。你应该能清楚地明白自己为什么会闹情绪，也就是那个坏情绪的源头在哪里。所以，当你带着坏情绪出现在孩子面前时，你要保持清醒与自控，不要对着孩子打开情绪释放口。此时不妨告诉孩子，"妈妈现在有些生气，可能需要自己待一会儿"，或者让孩子"去自己的地方玩一会儿，先不要来打扰妈妈"。

这种自控力要求你能将有坏情绪的自己与没有特别情绪的孩子隔离开来，保证你不会将坏情绪迁怒至孩子的身上。而3岁的孩子也已经可以听得懂并能够感受得到你的情绪了,所以,你只要准确地表达自己的感觉和对他的期待,孩子是会愿意给你找个独处时间的。

其次,你不需要自己硬扛情绪。

很多妈妈会自己硬扛着某种不良情绪,一旦扛不住了,就只能就近选择发泄对象了,孩子总是难于幸免。但实际上,对于不良情绪,你不需要自己硬扛着,可以向同龄人倾诉,你的先生,你的朋友,都是你倾诉的对象。或者有一些问题,你和父母讲一讲也是可以的。

也就是说,当你遇到问题的时候,你发泄和寻求帮助的对象至少应该是你的同龄人,或者是你的长辈,他们才能给你最准确的安慰与帮助。而你对着孩子的发泄,对你问题的解决毫无帮助,反而坏处多多。

再次,解决问题远比抱怨问题有用得多。

人们之所以总是抱怨,就是因为问题没有得到解决,那种困惑感、无力感、挫败感,会让人的情绪非常压抑,一日不得解决,便终日难受。

所以问题一旦出来了,你最先考虑的就应该是要解决问题,找原因、想办法,然后积极应对,尽早解决问题,你的坏情绪也会随之被解决掉。而且,你为问题的解决而积极努力付出的样子,以及你不抱怨、不抛弃、不放弃、也不悲观的样子,都会成为孩子学习的榜样,他未来再遇到问题,也就不会只顾着抱怨而不想着解决了。所以你努力解决问题,也会成为培养孩子独立自主能力的好方法。

最后,记得向被当成出气筒的孩子道歉。

人无完人,你可能在无意间就对孩子发泄了怒气,让孩子承受了你的坏情绪。那么你不要发泄过去就算了,一定记得向那个被无辜牵连的孩子道个歉。你道歉的意义，不是为了让自己安心，而是要让孩子明白，你的情绪发泄，不是因为他不好，而是你自己的问题，而且一旦做错事，就应该道歉。

很多孩子面对妈妈的坏情绪时，都会将导致妈妈情绪不好的原因归结到自己的身上，他会认为是自己不够好、不够乖，才导致妈妈发火的。可是他又不知道应该怎么改正，他不知道自己哪里出了问题，他也会陷入纠结之中，这无疑是在增加他的思想负担与心理压力。

所以，一定要记得向孩子澄清问题，并让他感受到你对他的爱是一如既往的。除此之外，还要记得保证，以后不拿他撒气。

58 做个不斤斤计较的妈妈
——你心宽了，孩子也就从头到脚都舒服了

斤斤计较，意思就是对无关紧要的事情过分计较。自从孩子出生之后，许多妈妈在一些小事上就会表现得不那么大度了，往好里说，是妈妈对孩子事无巨细、事事关心；但若是真的细究起来，有些妈妈已经开始变得斤斤计较了。

比如，玩积木的孩子，没选好积木的大小，导致搭起来的积木倒塌。有的妈妈就觉得这是不好的事情，便开始数落孩子："你怎么这么不细心啊？大的在底下，小的在上面，别放圆的，你不是才能把积木搭高吗？你现在就这么粗心，也不仔细看，也不好好学，只顾着自己傻玩，将来你什么都学不会。连个积木都搭不起来，将来可是什么都做不到。"

就是这样一件非常小的事情，却被妈妈从小说到了大。只不过是没搭好积木，却牵扯到了"将来什么都做不到"。如此一件小事都要上纲上线，都要精神紧绷地训斥孩子一番，这样的妈妈与其说是斤斤计较，倒不如说是有些精神紧张了。

我们很多时候的情绪变化，来自于自己对孩子的种种不满，而孩子身上所发生的任何一件事，都可能引发我们的不满。如果你发现自己经常陷入这样一种情境中，那就意味着你正在孩子身上斤斤计较。

一旦形成了斤斤计较的习惯，有的妈妈会整个人都变得计较起来，这个习惯会逐渐地从对待孩子的时候扩展到对待家里所有人，再扩展到对家庭以外的人。

但有的人并不认为斤斤计较是什么坏事，他会觉得，"孩子还小，就应该多提点他，多关注小事，才能让他养成好习惯"。这个原则是没问题的，但重点就在于，很多妈妈关注的东西太过于细碎了，导致孩子几乎是"寸步难行"。

有一位妈妈就曾这样说：

我觉得我是天底下最操心的妈妈，从早上孩子睁眼开始，就得不停地说，不停地提醒，不然，孩子身上那一堆小毛病真是让人看不过去。

就拿穿衣服来说，穿上衣慢死了，找不到袖子；穿裤子又不能快速把腿穿出来，总是绊在裤腿里；袜子的脚跟位置总也穿不到位置。就这一件事都干不好，总得让人说，后面他就更让你烦躁了，刷牙洗脸吃早饭，真是没一件事让你省心的。

但具体想一想，孩子真的就那么什么都做不好吗？当然不是。孩

第十章
提升处理家庭及其他问题的智慧

子要学习、学会并能熟练去做一件事,这是需要时间,需要练习的。而这个过程中,势必会有各种各样的小情况出现,但并不是所有情况都是不能忍受的。孩子会通过自己行动过程中的体验,来找到正确的方向,一次次练习之后,他才能熟练。

而作为妈妈,应该训练自己学会忍耐与无视。要忍耐他的慢,忍耐他一点点的摸索。可以这样来想,他不过就是个刚认识世界才1000天的孩子(这一点已经反复强调),他什么都不会,做不到、做得慢是必然的。所以不要给他提多么高的要求,也不要用多么高的标准去衡量他,要能忍住不开口,不动手。同时,要能无视他的一些小错误。袜子穿不到袜跟,又不是什么大事,他自己感觉不舒服,自然会调整,如果每次都是你告诉他,他反而不会主动去记忆这件小事,那么你自然看不到好了。

你要看到的,是他虽然慢,但却依靠自己的力量穿好了一整套衣服,这就是一个大进步。多夸奖他自己的这种努力,会让他对自己去做这件事产生更大的信心与力量,也许明天,你就会发现他那些小问题已经少了一个,可能明天他的袜子已经可以穿得刚好到袜跟了,你看着也舒服多了。

所以,尽量做一个心宽的妈妈,提前告知自己,"孩子做不好,出问题是正常的",同时也要让自己多去注意孩子偶尔一次做好的时候,看到了他的好,我们自己也会有信心,也就不会再那么百般挑剔了。

就如前面说的,一旦形成斤斤计较的习惯,不仅是对孩子,对周围所有的人可能都会变得不能宽容对待,而要改变这一点,就要从自己的思想观念开始调整。

人生在世，不过匆匆一百年的时间如果你把大部分时间都放在对小事的纠结上，就会错过许多一划而过的精彩。比如，你纠结于新买的衣服穿得不合身，却错过了孩子从幼儿园带回来的手工礼物；你抱怨先生做的菜不好吃，却没注意到这一天其实是你们的结婚纪念日；你因为和朋友拌了几句嘴就怄气，却看不到孩子想要给你唱首新学的歌的兴高采烈……

生活原本就是由各种各样的大事小事组成的，每个人都势必要有各种复杂的经历。如果一遇到事情就烦躁，就非要将那件小事抠出个子丑寅卯来，最终只能将自己折腾得身心俱疲，且情绪也会越来越糟糕。

所以，请努力做一个不斤斤计较的妈妈，学会将事情看开，学会放下，学会多注意到生活中美好的东西，同一件事情要换一个好的角度去思考。看待孩子，也要给他成长的时间，当我们性情平和了，我们眼中再看到的孩子，也会变得更加可爱。实际上，只要做妈妈的心宽了，不计较了，孩子就会非常舒服，从头到脚，由内而外！还有什么理由不行动呢？

59 完善个人品德
——为他人着想是天下第一等的学问

一个人的情绪好坏其实是与他的个人品德有一定关联的。举例来说，一个精于算计、见利忘义的人，他势必总会在计算自身所能得到的利益，会总是挑剔他人对自己的不好，这样的人可能总是处在抱怨

第十章
提升处理家庭及其他问题的智慧

中,会觉得世界都与自己作对,他的情绪自然也不会好到哪里去;但一个有使命担当、内心丰盈的人,内心会有原则,有包容心,不会因为他人的不对而惹恼自己,而是会在内心提醒自己不能学坏变坏,这样的人会不断地规范自己的言行举止,不会四处找茬。事实上,一种内敛不躁的自我提升,不管于己于人都是有益的。

作为妈妈来说,自身的个人品德对情绪的影响也是巨大的。如果为人宽容、善良、有爱心,有公德心,懂礼而理智,那么不管是接物还是待人,她表现出来的一言一行、一举一动都会让周围的人如沐春风,孩子也会受到熏陶,自然也会向妈妈靠拢,他的表现也会跟随妈妈的脚步,而不会让妈妈操心。反之,则会给孩子带来意想不到的不良后果。

来看这样一个发生在我们身边的事例:

儿童游乐园里,孩子们都在排队玩拼图游戏。好不容易轮到了一个3岁小男孩去玩,他自己搜集了一堆拼图片开始玩起来。但忽然过来一位妈妈,说她的女儿也要一起玩,小男孩拒绝了,因为他自己也是好不容易才排上队开始玩的,他并不想其他人的加入。

结果,这位妈妈就生气地说,这是公共场所,为什么她的女儿不能一起玩。男孩的爸爸则回应说,大家都排队,要玩你们也要排队。而这位妈妈听了这话,直接伸手拿走了小男孩面前的拼图。小男孩自然不愿意,他下意识地就去伸手把拼图又拿了回来。

结果,这位妈妈愤怒了,竟然直接扯过小男孩,给了他两巴掌。男孩的爸爸非常生气,就和这位妈妈理论,可她却说是小男孩打了她女儿。

游乐场调看了监控,这位妈妈才无话可说,但依然毫无悔意。最终，男孩的爸爸为了孩子不受刺激，决定忍让了事。

这是一件真实发生的事情，很难想象，那个小女孩在看到妈妈以这个样子来为她争取玩耍机会时，会有怎样的想法。而这位妈妈，似乎可以说是自私且毫不讲理，反倒是她的情绪先进入了暴躁状态，既伤害了他人，也给自己的孩子做了一个极坏的榜样。

不要觉得个人品行与情绪没有关系，品行的好坏体现着一个人综合素养的高低。而综合素养高的人，往往都具有宽大的胸怀，都会对事情有更理智的理解与处理方式，能做到与人为善，能做到不轻易与人起争执。这种宽容且向善的心态，注定让他在面对很多事情时，能保持平和的心态，从而减少不良情绪发生的概率。

所以，作为妈妈，不能只专注培养孩子，不能只强调孩子要怎样怎样，一定要返回来先看看自己。个人品行虽然不能进行所谓的"量化"，但其言行举止却是个人品行的最好体现。而孩子在外面的种种表现，也将是妈妈个人品行的一个间接性反映。

但说实在的，作为成年人，我们可能一时间并不能注意到自己的品行问题，也不会觉得自己做的事是不对的。这就需要我们自省一下，重点关注几个要素：第一，做事有没有为别人着想？还是只顾自己方便？举例来说，晚上十点钟甚至更晚以后是不是还常态化的叮叮当当、吵吵闹闹，完全不顾及楼上楼下、左邻右舍？夜间开车，是否在不该开大灯的时候开了大灯？停车时是否停得正，给别人留下足够的空间？在公共场合，是否遵守公共秩序，是否大声喧哗？第二，有没有不是自家的东西不珍惜？比如，住酒店，是否一直开着水龙头洗漱？房间内所有的灯是否都打开？是否用很多一次性用品，甚至把没用过的一次性用品都打包带走？第三，是否能够做到"和以处众，宽

第十章
提升处理家庭及其他问题的智慧

以接下,恕以待人"?不再多举事例了,类似这些都需要自己做个对照,判断自己的心地、言行是不是足够好。当然,这个自我观照的过程,可能会让自己有些不适应,没关系,只要认识到自身存在着某种不足,想改,求进步,就是值得称道的。如此,自己的品行与德性就正向前进了一大步,坚持下去,就如《弟子规》所讲的"德日进,过日少";就如《大学》所说的,"苟日新,日日新,又日新"。

让自己在品行涵养上进步的方法有很多,比如多读好书,多接触正能量的人,从他们身上去感受更多的正向与积极,从而一点点地纠正自己过去不对的观念,改正错误的行为。这是一种自我提升的过程(下一章会详细讲述),借助这样的方法,将自己身上因为良好品行缺失带来的那些不良习气逐步去掉,用新的、好的德性再将自己填满。

在这个变化过程中,你最先会注意到的,其实是你自己的认知与孩子行为之间的冲突。当你通过学习提升自我之后,就能发现孩子那些来自于你的模仿行为,是有多么令人无语,这会更加深刻了解你想要改变的想法。

不过这时候一定不要着急,不要急着去改变孩子,去要求孩子改变,因为我们自己还没有完全做好。先要让自己去表现出正确的言行,孩子会通过观察和体会来进行自我修止。只要保证我们有了改变,有了向好的发展,孩子自然会受到正向熏陶,从而也逐渐变好。

第十一章
接纳自己，成为更好的自己

很多妈妈的烦躁是有诸多原因的，但实际上这些烦躁却也有一个根本的来源，那就是对自己的不满意。你眼中孩子的种种表现似乎都不太好，其实这也是你并不满意于自己对他施以教育的表现。可是，没有人是完美的，与其总对自己不满意，不如接纳自身的优缺点，尤其是缺点，然后努力，成为更好的自己。到那时，不仅会摆脱负面情绪，很多问题也能因为理智而找到最终的正确答案。

60 你就是你，是不完美的自己
——因为悦纳自我，所以快乐叠加

成为妈妈之前，你应该看过很多育儿书，也曾经对照着其中的方法，通过预想，努力将自己打造成为如书中所说的"最好的妈妈"。当你成了妈妈，你也一定继续了解或者努力去学习更多的育儿之术，希望自己真的能让孩子感觉到你是最好的妈妈。

但这个最好，真的是不容易实现的，你会发现自己很多时候做不到书中所说的那样好，你会发现现实情况并不能如你所愿，而你也会因为生活中的各种大大小小的事情而感到心力交瘁。

渐渐地，你开始苦恼，变得烦躁，越想做什么却反而越做不成。你抱怨他人，抱怨生活，抱怨孩子，抱怨社会……有时候无处发泄的情绪只有用最简单直接的吼叫来表达和发泄。

第十一章
接纳自己，成为更好的自己

可实际上，这一切的抱怨，都是源于你太不满意自己。

很多妈妈活得并不真实，从来不会回头看一看自己，眼中永远都是书中的完美、他人的优秀，即便有了孩子，看到的也是"别的妈妈怎么教育得那么好""别的孩子怎么成长得那么优秀"……当你一直活在对完美的狂热与对他人的艳羡之中时，你将迷失自我。

一位妈妈对3岁半的孩子说："你快点喝药，别洒身上。快点，别东张西望，赶紧喝。别的小朋友都能一口喝掉。哎，你又看什么呢？快点喝，我说的你听见没有啊？"

孩子却突然回头说："你别说了。一遍，说一遍。"

妈妈一愣，仔细想了一下才问："你的意思是我跟你说一遍就行？"

孩子点点头说："你说一遍，我就听见了。说那么多，干什么？"

你看，即便是3岁多的孩子，也感觉到了你用那种内心完美作要求时的烦躁。你需要孩子按照你的想法一口喝完药，但他没有如你所愿，你反复地重复要求，其实是你自己的不满足。你觉得除了催促没有别的办法，可事实上你催促的不一定是孩子，却正是内心那个焦躁的、渴求完美的自己。再想想看，难道不是吗？

每个人的内心都有一个完美的自己，就像是照镜子，你眼中的镜子里的你，一定比真实的你看上去更美丽。这种对美好的追求，原本是无可厚非的，但是这个追求应该成为你的动力，而不是成为你嫌弃自我、逃避自我的原因。

这世界上绝对没有两个完全一模一样的人，就算是同卵双胞胎，也会存在差异。你就是独一无二的你，与其参照他人而活，何不沿着适合自己的路去前行呢？你应该成为一个真实而完整的妈妈。

妈妈可以分为三种境界：

第一种，随性放任的妈妈。

这样的妈妈一切都顺其自然，几乎不寻求改变，当然也不会纠结，总是向孩子展露自己随意的性子，并因循自己的性格去想当然地教育孩子。因为自然而无知无觉，也就难免对孩子的人格发展产生负面影响。

第二种，追求完美的妈妈。

这样的妈妈会经常活在焦虑之中，会通过各种渠道来了解学习好妈妈到底是怎样的，并为此而不断努力。但她总是会对自己不满意，永远都看到自己和孩子身上的不足，经常设想一些不好的甚至是最坏的结局，并以此来鞭策自己和孩子。这样的妈妈会设立很高的标准，孩子会有被束缚的感觉，而妈妈自己也会觉得格外辛苦。一旦孩子与自己设想不同，她就容易陷入迷惑、自责甚至巨大的痛苦之中。显然，这对孩子的成长也是不利的。

第三种，真实坦然的妈妈。

这样的妈妈有一定的自我认知水平，知道自己有不足，渴望学习。但当发现自己做不到或者做错了的时候，也能坦然接受，并不会因此感到焦虑。虽然也会有困惑、纠结的情绪，但却能理智意识到自己与孩子的能力水平到底在哪里，所以不会太强求。这样的妈妈懂得接纳自我，接纳生活，也懂得接纳孩子，从而可以让孩子看到一个真实的妈妈，会学习，会生活，也会关爱自己与家人，对孩子就会产生积极正向的影响。

生活原本就是不完美的，我们不可能做好所有的事，犯错是难免的。

第十一章
接纳自己，成为更好的自己

孩子也不是提线木偶，他有思想，也是独立存在的，我们可以引领他，导正他，影响他，而不能试图通过强行干涉、束缚等方式去改造他。

回归到一种自然的状态，但不是那种听天由命的消极状态，而是将我们所展现的、所经历的都当成是人生的一部分，自然地表现自我，自然地悦纳自我，孩子也会通过观察与感知，去接纳这个世界本来的模样。

《列子·说符》中有一则"疑邻盗斧"的故事，是说有一个人怀疑邻居的儿子偷了自己的斧子，结果看那人的言行举动怎么都像个贼；后来他找到了斧子，再看邻居的儿子，怎么看都是个正常人了。

看，心是会左右判断的，也会左右行为。若是总担忧自己和孩子的不完美，那恐怕在很长一段时间里都不可能有什么实质性的正向改变了。

归根结底，还是要回归自己，自己原本就是不完美的，那就坦然面对这不完美，不抱怨，不放弃。对自己的全然接受，也会让孩子意识到"原来我可以犯错，可以做不到，但我也可以通过努力来改变"。我们因为接纳自我而感到的快乐，会让孩子也受到感染，这样的快乐在家庭中不断叠加，我们也将拥有一个平和快乐的家庭。

61 千万不要止步不前

——"新"起来，你不吃亏，孩子更受益

如果说给人生划分阶段，你觉得成为妈妈后，你的人生圆满了吗？按道理来讲，还远没有实现圆满，可还是有很多妈妈就此打住，止步不前。

之所以这样说，是因为有相当一部分妈妈认为，当了妈妈之后，生活瞬间就被孩子填满了，自己的眼睛总要追着孩子，脑子里也总是思考着与孩子相关的各种事情，刚出生时考虑他的吃喝拉撒睡，判断他的各种哭声都代表着什么；长大一点了，就操心他的各方面能力发展与培养，生怕他被人落下，总想让他也出人头地。

一位妈妈就不无"感慨"地说：

有了孩子，只考虑他怎么成长就已经占据了我所有的时间。至于说我自己，已经就这样了，还能有什么梦想？我没时间，也没那个精力再为自己折腾了，还是将希望都寄托在孩子身上比较靠谱。孩子就是我的梦想。

看似是在表达自己的辛苦，看似是在为了孩子而做出巨大的牺牲，可实际上，孩子并没有因为妈妈的这种牺牲而有什么全新的改变，他该自我成长就自我成长，该自然发展就自然发展。反倒是做妈妈的，正因为没有了向前的心，便总是用旧观念来看待孩子的发展，也总是仅凭自己的判断就武断地对孩子进行教育。最终，孩子被教育得问题连连，妈妈自己也越来越头大心烦，只剩下用吼叫来发泄内心的不满了。

而且，孩子自我世界的构建过程，会受到妈妈极大的影响，妈妈所释放出来的能量，所散发出来的磁场，都会让孩子也不自觉地向妈妈靠拢。妈妈主动"停滞"，止步不前，也会让孩子逐渐产生一种颓废状态。

说回到我们自身，止步不前看似是一种停歇状态，好像只是不前

第十一章
接纳自己，成为更好的自己

进而已，但止步不前，实际上就意味着倒退。正所谓"用进废退"，积极上进的心一旦没有了，就会越来越提不起精神和兴趣来应对各种事情；而没有了进取心，也就不愿意再读书学习、思考提升，大脑便不再积极接收正向的、有利于自身发展的各种新鲜信息，旧的信息也会随着时间而被慢慢遗忘，同样变得越来越少，大脑也就越发不再"灵光"。这是一件比较可怕的事情。

时代的发展日新月异，孩子的变化就在分秒之间。当你不思前进的时候，时代可不会等待，孩子也不会等待，你会发现自己所知道的东西、所了解的内容越来越少，跟孩子之间越发没有可沟通交流的东西，思想也将越来越守旧，甚至可能逐渐与这个时代脱节。

如果希望自己成为一个好妈妈，高质量地陪伴孩子成长，那就必须要跟上他成长的脚步。孩子在不断地扩充自我，"时时新"，我们也尽可能要做到"日日新"。全家一起成长，你不吃亏，孩子更是幸福不已。

那么，如何让自己"新"起来呢？

第一，思想观念要不断更新。

新时代就会有新思想，哪怕是昨天的想法，今天就有可能会产生新的变化，所以应该关注当下时代的思想主流。比如，过去很多人认为，孩子的教育是从小学时才开始的，但到了今天，越来越多的人重视起了胎教（事实上，3000多年前的中国古人就已经重视这件事了，中国是世界上最早提倡胎教的国家），重视起学龄前教育，重视起0~3岁幼儿期的教育，这就是一个思想的改变。这个改变是正确的，是好的，那么我们可以先去了解一下，最好是能与自己的生活相互联系，能接纳则接纳。

当然,并不是说所有的新思想都必须接纳,必须要有基本的判断能力。有一些思想可能只是当时的一种流行,也有的思想本身就比较偏激,所以,我们要结合自己的认知和一些基本的道德准则,去判断一种新思想是不是值得接纳、学习。

另外,虽然说随着时代发展,我们需要接纳一些新思想,抛弃一些旧观念,但并不是说所有的过去的思想都是错误的。比如,传承千年的中华传统道德思想,这是经历了时间岁月的洗礼与检验的,不管到什么时候,这些孝、诚敬、智仁勇、礼义廉耻等核心主流思想都不过时,我们不仅不能抛弃,反而要深入学习与践行,并将其继续传承下去。

第二,教育内容要不断更新。

对孩子的教育内容,其实有着非常快的更新速度,孩子需要学习的内容也在不断地更新。所以我们不能只停留在简单地教孩子学说话、认字这样的内容上,而是要根据当下时代的发展,看看孩子需要接收哪些新鲜的信息,看看当下的时代教育中包含哪些新鲜的内容,比如知识之外的太极、书法、武术、礼仪、古琴等课程,对孩子的成长发展都是非常有益的,如果孩子喜欢,感兴趣的话,就不要错过教育的时机。

当然,全新的教育内容也是需要加以判断的,要根据孩子的特点、需求与兴趣,家庭的教育环境和经济承受能力等,作出合理的选择,而不是盲目地去上一些课程,对于"妈妈认为你该上这个课"的说法,还是要谨慎的。

第三,眼界宽度要不断更新。

有的妈妈之所以止步不前,有一个原因就是自己的眼界本身就不

第十一章 接纳自己，成为更好的自己

宽，看不到更远的未来，只顾着关注眼前的一点内容，对孩子身上鸡毛蒜皮的小事过分关注，反倒因为太过细琐的关心导致孩子的厌烦。这样的妈妈不仅自己没有远见，连带着孩子变得目光短浅。

处于这个信息高速发达的时代，不能"关起门来朝天过"，适度关注一下国内外的重大政策、各种动向、信息资讯，多四处走走看看，多接触更多的人，多读点好书……自然也会发现更多需要了解的内容。

总之，有改变的想法就好，行动起来，付诸实践，不再等待，就能看到自身的改变，同时也会感受到孩子的变化，这些变化都将令人惊喜。

62　读书是提升自我的捷径
——你读书，孩子可能就不叛逆

你有多久不曾读完一本书了？

你有多久不曾翻开一本书了？

你有多久不曾购置一本书了？

你有多久连"读书"这个词都想不起来了？

你是否认为读书只是孩子的事？

这一系列有关于读书的问题，放在现在很多人身上，都是讲不清楚答案的，或者是不愿意讲出答案的。随着从学校的离开，有一些人就会产生一种奇怪的想法，那就是"我终于不用再读书了"，然后接下来的生活之中，他们果然就不再碰触书本，整日忙碌，所谓的忙于工作、忙于生活、忙于结婚生子、忙于教育孩子……

　　但是我们的人生真的在大学毕业之后就不再需要读书了吗？事实并非如此。倒不如说，越是离开了校园，我们反倒越应该去接触更广泛的书。我经常说："一个人真正的读书生活，是大学毕业之后开始的。因为毕业后，可能才真正读点自己想读的书，而不是再像之前那样读教材、读练习册、读试卷、读写论文时的各种参考文献……"

　　在社会中，我们所接触到的东西会比校园中更多，也更复杂，校园中的诸多书本知识，是对所学专业学习的应对。就算是涉猎了专业之外的内容，但因为那时大家还处在象牙塔之中，没有经历过更多的人生历练，对于书本内容的理解可能是理想化、缥缈的。

　　就拿四大名著来说，很多人可能都有这样的体会，年少时看四大名著，看的是热闹；青春期看四大名著，读的是内容；而成年后再去读，发现的就是思想；而等到日后再一遍遍地去读，就会发现每一遍都有不同的体悟。而这就是离开校园进入社会后依旧需要读书的一大原因。因为心境会随着遇到的人和事而发生变化，书中的道理，可能之前看的时候是没有太大感觉的，但经历过很多事之后，我们可能会感同身受；遇到过不同的人之后，我们也会通过这些接触而产生新的理解与看法。

　　有人可能会说了，社会那么复杂，生活本身就是一部书，哪里还需要再看书？其实不然，书中文字是多少人总结出来的经验教训，可能是足以流传千秋万代的道理原则。只有多看书，才能更快速地了解这些内容，并在生活中少走弯路、少犯错误。而且，书中也会对我们生活中的疑问给出解答，通过或直接或委婉的语言来解答我们内心的

第十一章
接纳自己，成为更好的自己

种种疑惑。如果只靠我们自己在生活中去硬闯，不仅可能会浪费非常多的时间和精力，甚至可能会碰得"头破血流"，最终也还不一定能得出正确的答案与结论。

不知道你有没有过这种感受，原本很纠结的一件事，但某天突然看了一段文字，立刻就豁然开朗了。这种感觉是没法言传的，只能意会，因为没人知道什么时候、在哪本书上的哪段文字，就会直接击中你的内心，激起荡漾，让你忽然拨开云雾见蓝天。

从孩子出生的那一刻才开始真正进入角色的妈妈，要做什么、怎么做，要考虑到哪些问题，要回避哪些问题，怎样去应对这个一天天发生变化的独立自由的孩子……这些都需要付出时间与精力去好好学习。而读书，或许就是提升自我的一条捷径。妈妈这个身份，是跟随你一生的，是"终身制"，所以学习也是"终身制"。

要不断地读书学习，来适应孩子的不断成长，这一点毋庸置疑。那么要读书，从妈妈的角度来看，应该怎么做呢？

首先，选择合适的好的书籍。

关于教育方面的书籍，内容繁杂、种类繁多，有的妈妈选择"撒大网、捞大鱼"的方式，买来许多书，通过广泛阅读来进行学习。这样的学习其实很累，效果也不大。因为不同的人有不同的想法，即便是同类的书籍，不同作者之间的观点也存在差异。如果不加以选择地大范围接纳，难免会对教育产生迷茫感。

所以在书籍选择上，要回归孩子本身，年龄、性别、性格、年级、具体内容等方面都考虑进去，再进行选择。同时，还要看看所选书籍的作者和内容，是否传达了正确的思想观念，再考虑是否买下来好好品读。

要注意的一点是，对于一些育儿、教子经验类的书籍，因为是作者基于培养自己孩子的经历，再经过提炼总结，最后上升到一定理论高度，可参考他们的思想或感悟，而不要去"一板一眼"地去复制他们的方法。因为"教无定法"，每个孩子都是独立的存在，有共性，也有差异，所以不能"千人一方"，更不能"生搬硬套"。也不能因为书上所说的方法应用在自己孩子身上不起作用，就说那是错的。要懂得透过现象看本质，对于教育理念与方法，一方面要去实践，另一方面也要善于总结、发现、改变与提升。

其次，安排合理的读书时间。

幼儿期的孩子需要妈妈的陪伴，所以当孩子需要你的时候，你就要全身心地投入。至少在孩子去幼儿园之前，你的读书时间可能会比较少，这时可以安排一些零碎的时间，比如孩子睡觉之后、睡醒之前，或者孩子想要自己玩耍的时候，都可以翻上几页，不求看得多，而是最好能坚持养成读书的好习惯。

孩子幼儿园后，你的时间相对会多起来，所以要安排出读书的时间来。同样的，不求读得多，但求认真、专注，习惯成自然。

最后，要多读一些传统经典。

如前所说，中华文化传承至今五千多年而没有中断，其内容经历了时间的洗礼，经历了上百代人的考验，至今依然在发挥着巨大的作用，足见其强大的生命力。实践证明，这些内容都是有益于人的成长发展的，里面蕴含了博大精深的智慧，当然也包括教子智慧。所以，古圣先贤所总结出来的教育经验与心得，就在传统经典中，这是每一位妈妈都应该好好阅读参考的。活学活用，重实质而不重形式，不仅可以教育孩子，对于提升自身的德行涵养乃至综合素养也颇有意义。

读点好书吧,你爱读书,是孩子最大的幸运。因为,你读书,你就会成长,就会有更多思想,就会具备更多智慧,面对那个叛逆的幼儿,你还会束手无策吗?不会的。所以,妈妈爱读书,孩子可能就不再叛逆,一切问题都在你自然地与他应对之中化于无形。

63 看万里风景,识更多良人
——给自己和孩子一个不一样的世界

有了孩子之后,一些妈妈在会不自觉地缩小自己的活动范围,也会不自觉地减少认识新朋友的机会。有的妈妈说:"我大部分时间全在孩子身上了,除了自己工作,再加上还要照顾全家人的生活,哪儿顾得上再去做其他的事情?"

这就导致一种结果,你去的地方越来越少,接触的人越来越少,直到最后,可能就会变得足不出户,或者只是在家周围几百米的范围内活动。买菜、去超市、送孩子去幼儿园……每天面对的是简单的生活环境与固定不变的人群接触。

一位妈妈,有两个孩子,大宝上幼儿园,小宝刚一岁,趁着大宝上幼儿园的机会,她终于和其他孩子的妈妈有了接触。

结果,这位妈妈发现,自己居然变成了"两眼一抹黑"。别的妈妈说的地方,她不仅没去过,甚至都没听说过,而听上去,那个地方其实就离她的住处并不算远;别的妈妈的网购内容与方式,也让她觉得自己好像是外星人,要买什么,还得通过别的妈妈帮忙才行;别的妈妈讲到的内容，要么是书上的，要么是在外面遇到的，她更是闻所未闻；提到要做什么事情，她总是先要提及"我有两个孩子，我抽不出时间来"，结果她会经常缺席幼儿园里需要家长参与的活动……

这位妈妈给出的理由是，"两个孩子，尤其是要照顾这个小的，真是没时间去做其他的事情，哪里也去不了。在家我也没什么其他可以做的，只照顾孩子就累得不行了"。

不管是一个孩子还是两个孩子，很多妈妈总是用自己的劳累来做借口，将自己无法"动弹"的原因归结到孩子身上。可实际上，孩子才是那个更愿意去见识大千世界，更愿意去做许多他从未做过的事情的人。所以倒不如说，是我们自己不愿意出门，或者说是我们对自己时间与能力的安排欠妥，才限制了孩子的眼界与行动。

不能否认妈妈在带孩子方面的确是辛苦的，尤其是二胎政策的开放，使得更多的妈妈有了要两个孩子的计划，原本带一个孩子的辛苦变成加倍辛苦，这当然可以理解。但既然决定要养育两个孩子，也应该对自己的生活有一个更细致的安排，不能从自己这里就主动放弃了去做其他事情的时间，也不能人为地将自己的时间"主动"分配给孩子去使用。

同样是一位有两个孩子的妈妈，她的表现却是另一番景象：

大儿子5岁半，正是可以四处看的年纪；小儿子两岁，却也正是还有点"累赘"感的年龄。我没有就此哪里不去，而是不管去哪儿，都会把两个孩子都带上。尽管小儿子一个人的行李可能要比全家人都多，但我和先生作了很好的规划与选择，寻找那些空气新鲜、不会拥挤的地方，让两个孩子都能尽情玩耍，都能开阔眼界，我们俩大人同

第十一章
接纳自己，成为更好的自己

时也能得到放松。

在我看来，旅游的意义，就是一家人在一起，不管做什么都在一起。而对于孩子们来讲，旅途中，他们会把书本上的内容与实际结合起来，很多知识都在真实情境中得到了再现，他们知道自己可以做什么、应该做什么，也知道怎样躲避危险。

而在这过程中我也有了新的感受，会发现孩子身上新的闪光点，会通过与孩子一起开阔眼界，让自己也有了见识，并且和孩子有了更多共同语言。一路下来与更多人打交道，不仅孩子学会了待人接物，我也结识了很多新朋友，互相联系起来，增添了更多新的乐趣。当然，跟先生的关系也由此拉近了很多，大家彼此同心，其乐融融，实在是幸福感十足。

显然要改变就要靠自己，与孩子是不是个累赘、是不是在耽误时间没有任何关系。如果自己没有想要改变的心，就只能四处找借口。但只要想要去改变，一切都不是难事。

你并不是被圈养的看孩子的保姆，你理应成为孩子眼中那个活力四射的妈妈，可以带着他们去看更多风景，可以和他们一起去接触更多的人。

而在孩子去了幼儿园，或者暂时不在身边的时刻，就更不能为孩子的事情所束缚，给自己一些时间和空间，去外面走一走、看一看。见识提升了，心胸也就开阔了，不会再整天纠结自己这百十平米的屋檐之下的柴米油盐，不会再因为一些细碎小事而把自己搞得心力交瘁，对孩子的教育也就能有一个广阔而高远的视角了。

对于那些家有两个孩子的妈妈来说，可能的确不容易，但也还是不要放弃可以出门、看更多风景、结识更多人的机会。这时你就应该和先生作好商量，只要他有时间，就可以来一次全家说走就走的短途小出行，不管是去街心花园、超市，还是去远一点的地方。孩子只有多听多看多接触，他才能建构起对这个世界更为丰富的认知；而只有走出"在家带孩子"的枯燥生活，我们也才能发现生活中更多的乐趣。

另外，也要多接触一些新科学技术，适度关注一下重要新闻、新生事物等，因为这些各种"新"中，蕴藏着大量的信息，也可以间接为我们搭建起与外界沟通的桥梁，更可以让自己跟上时代发展的脚步。

所以，要不要进步，还是看自己，还是在于自己，而与孩子怎样无关，与有几个孩子也无关。只有自己想要改变，想要进步，真诚所至，那么自然能主动迈出家门，去接触更宽广的世界。

64　你并非行星，而是一颗恒星

——成为爱的发光体，照亮孩子

恒星，是自身能发光发热的星体；行星，通常是指自身不发光，环绕着恒星的星体。在家里，你是如何定位自己的呢？是恒星，还是行星？

相信很多妈妈都会有这样的表达："我每天的时间，都给了孩子和家庭，不是照顾孩子吃喝拉撒睡，教育他，就是给全家人做家务，照顾全家大小。每天忙忙碌碌，就是围着全家转，尤其是有了孩子，就是围着孩子转，他好了就什么都好了。"

第十一章
接纳自己，成为更好的自己

这样的想法，或许有一点悲凉。因为很多妈妈就自身而言，都是有兴趣、爱好和梦想的，有自己想做的事，但却自己给自己下了一个"只能围着他人转"的套，这不应是一种有了孩子之后心态的正常转变。

因为每个人都是独立自主的，没有谁一定要围着谁转。即便是对孩子，我们也只是抚育、教育、引导他，而非事事都围着他转。否则，孩子总是一副"凡事我优先"的状态，这并不利于他宽容大度性格的培养。而且，当你把自己框定为"只能围着孩子转"的时候，就相当于搞混了家庭中的关系次序。因为夫妻关系是最基础、最重要的一重关系，然后才是亲子关系，以及与其他家人之间的关系。

实际上，妈妈也是家庭这个"小宇宙"中必不可少的一颗恒星，也同样有着自己的光和热，而不是只能一刻不停地围绕他人旋转的一颗行星，更不需要借助他人来让自己发光发热。

所以，妈妈不需要去做一支蜡烛，在发光发热的同时，也牺牲了自己。而是应该让自己成为一个爱的发光体，照亮孩子，也就是在"自亮亮他"的过程中实现自己的价值。如何让自己做到这一点呢？

试着培养良好的习惯，好好读书，好好学习，认真打理自己，勤奋而勤快，开朗而宽容，善良有爱心，可以积极应对各种问题，能够主动想办法解决困难，不抱怨、不自卑、不悲观、不放弃……这样的妈妈会让全家人都感到振奋和安心。

也不用担心"我不围着孩子转，他会不会感到失落，会不会总出问题"。要知道，正是因为我们给了孩子太多的关注，所以他才变得懒惰起来。我们让自己活得精彩，就是要让孩子意识到，每个人都有活得精彩的权利，每个人都需要依靠自己才能让自己的生活变得更舒适也更精彩。这其实是一个传递正能量的过程。我们从行星变成恒星，就是在尽情释放自身的光与热，去感染孩子，并让孩子在更好的家庭环境中熏陶成长，这对他来说反倒是一件好事。

比如，有一位妈妈就有这样一段经历：

幼儿园举行活动，需要家长为孩子自制衣服。我手很笨，也从来没做过这样的事情，我觉得这对于我来讲是不可能的。而且，我每天还要照顾孩子，还要做饭洗衣忙工作，一大堆事情都等着，怎么可能有那个时间自己独立完成呢？但孩子却一脸期待，我只能硬着头皮去做。

寻找旧衣服、寻找参考图片，裁剪、一针一针地缝，袖子、上衣、裙子、装饰，当我最终完工的时候，我觉得自己真是了不起。而我发现，在我做衣服的这几天里，每当我忙碌的时候，孩子是安静的，她会给自己找事情做，并询问我需不需要帮忙，完全没有给我捣乱的迹象。家里其他人也意识到我在忙碌，自动承担了其他的事情，并没有给我打扰。

当我向孩子展示成品的时候，她的眼睛里全是星星，那种佩服的星星，她说："妈妈，你好棒啊！"

我一下子觉得自己其实并不是那个一直围着孩子转的人了，当我发挥出自己的能量的时候，我并没有手忙脚乱，也没有焦头烂额，而周围的人也给了我空间，我并没有变得那么忙乱不堪。而我的作品，不仅是得到了孩子的肯定，更是得到了家人的赞赏。

我们都是恒星，都有自己的光和热，当我们改变自己的心态，让自己处在恒星的位置上，那么我们自会发光发热。

第十一章
接纳自己，成为更好的自己

家庭不是你想象的那样，没了你就不能运转了；孩子也不会如你所料的那般，因为你不围着他转，他就变得无理取闹了。都只不过是我们自己的设想与猜测，只不过是我们习惯了过去那种围着他人转的行为思想限定了我们自己的发展。

倒不如说，全家人，每个人都是一颗耀眼的星，都能在自己的位置上发光发热，就如星空中尽管繁星点点却并没有显得哪颗星星多余一样，家庭这个"小宇宙"，也会因为家中每一颗恒星的闪光而变得更加明亮、更具有活力与能量。

作为妈妈，你也要认同自己的价值，只要自己主动发光发热，你也能成为照亮家庭的一颗耀眼的星，能让全家人看到你的改变。这种改变是一种积极向上的，也可以调动起全家人的向好变化，尤其是能让孩子的主动性被激发出来，这才是一个家庭正常的发展状态。

65 意识到问题就是进步

——凡事有预，虽未必都成，但也不易废

在提升自我这方面，并不会如向水杯倒水，能眼见着水平线上升。我们毕竟也成长了二十几年、三十几年甚至更久，多年形成的习惯并不能一朝一夕便完全屏蔽，比如吼叫，不可能说今天我发现吼叫不对，明天我就能彻底戒除吼叫了。

虽然很多习惯并不是一下子就能戒除的，但是当我们对这些坏习惯，或者说对这些问题有了想要改变的意识，那就意味着进步。

吼叫是很多妈妈多年的习惯，有的妈妈是原生家庭的深刻影响，有的妈妈则是后天在不知不觉中自然形成，这个习惯的戒除绝非易事。但能说凡是吼叫的妈妈都不是好妈妈吗？当然没有这么绝对。

现如今，你能认真地去思考这个问题，能想到吼叫的确是对孩子教育没有好处，能够意识到不吼不叫才是教育孩子的好方法，不吼不叫也能自然而然地去应对幼儿的叛逆期，甚至于说，效果还会更好，有这样的意识，你就能在育儿这条路上走得更远，走得更顺利。

因为意识当前，那么下次再吼叫时，就能对自己的行为有一个反思，这种反思对于纠正吼叫习惯非常有必要，这会帮助你总结自己吼叫的原因；而意识当前，你也尽可能地在吼叫之前有思考，有了思考，理性就会回归；也正因为有这样的意识，会让你更多地去注意孩子出现种种问题的根本原因，从而走出之前那种"出了问题再算账"的教育模式，转而为"在问题发生前就去预防"，即凡事有预，虽未必都成，但也不易废，这不仅更能减少孩子的错误，也能从根本上去纠正自己这种没完没了的吼叫。

但是，说到意识，也需要注意一些实际的问题。

第一，意识到的问题，一定需要改变，且要发现改变的原因。

吼叫不仅伤害孩子，也让妈妈自己身心疲惫，且不能解决任何问题，所以才需要戒除吼叫，改变坏习惯。

但有的妈妈却不这么想，她并不认为吼叫对孩子有伤害，只是觉得吼叫不足以解决问题，她只是在寻找其他方法，所以，她也想去寻求某种改变，但改变的原因却没有找对，所以也就很难在实际操作中彻底关闭吼叫这个非正常的教育模式。

所以，要找到改变的真正原因，这才有助于吼叫的真正戒除。

第二，有了意识，就一定要有后续的努力，而不能只想不做。

第十一章
接纳自己，成为更好的自己

虽然说有了意识就意味着进步，但要真的实现进步，就需要真的有所改变。意识到吼叫是个问题，后续就要去分析问题、思考问题，就要想办法去作出改变。意识只代表改变的开头，只有真的努力去行动，才能让改变继续进行下去。

还有的妈妈会有这样一种错误的认知，认为"我的确是有这个问题，所以你们都要理解我"。没有人必须要理解谁的错误，没有人必须要包容谁的问题，不能抱着一种"我已经告诉你们了，你们就应该理解我"的态度去与他人交往。既然意识到了问题，就一定要改正，不要指望着他人总是原谅你，只有你真的有了改变，才能换来更多的和谐相处。

第三，意识应该时时刻刻都在，而不能总是"事后诸葛亮"。

戒除吼叫的意识，应该是一种长期发展，不能是每次发作之后才意识到这是错误的，否则这并不利于纠正错误，只能不断提醒自己"刚才犯了错误"，而不会有改正的想法。

所以，这种提醒进步的意识，应该时刻存在，要让我们时刻警醒，尤其是遇到特殊的时刻，就要格外注意，不能再犯。当一个人的意识成为每次错误行动之前的警钟时，这才是这个意识发挥重要作用的时刻，这个人也才可能在这样的意识引导下，变得越来越好。

当我们这种对错误、对问题的意识呈现这样一种健康良性发展时，这个意识才会有助于我们自身的进步。因为我们可以更有勇气地去面对自己的问题，并且是真心实意想要解决问题、改变自我的，所以这时这个意识就会促使我们去付诸行动，这种改变也将成为发展必然。

66 活在当下，适用于整个家庭
——你的地盘，真的是你做主

很多人眼中看不到当下，满眼都是过去与未来。他们为过去不断地后悔，总觉得自己之前做得不够、不好，总是幻想着"如果一切重来，我可能就会更好"；他们也总是在假想未来，为自己谋划一幅美丽的"蓝图画卷"，整日期待梦想的实现。但是，过去的已经过去，终究是过眼云烟，不可能再次重来，想得太久，占用的都只是现在的时间，让原本可能有所作为的当下，也变成一个又一个的"后悔的过去"；未来的却还未到来，也不过是空中楼阁，只是想而没有做，也就只是被画在脑袋里的一幅图画而已。

很多妈妈便是这样的一种状态：一面后悔自己过去没有做到、做好的事情，想着"如果当初我这样教育孩子，孩子就不会是现在这个样子"；一面又满是幻想，一遍又一遍地预演为孩子安排好的路，并确信这样才是对孩子最好的，甚至直到最后，被自己编织出来的梦所操控，如果孩子做不到，反而成了罪人。

不仅是对孩子，对待其他家人也是如此，受到这种状态的影响，妈妈自己总是生活在后悔与幻想中，孩子和其他家人也就不得不总面对自己被指责和被期待的局面。妈妈的这种状态也直接导致她看不到生活中的美好，因此抱怨不断、责骂不断、训斥不断，负面情绪不断叠加，自然也就吼叫不断了。

第十一章
接纳自己，成为更好的自己

这是一种非常悲哀和痛苦的生活状态，对孩子、对妈妈自己、对整个家庭都是一种伤害。若想要解决，只有一个办法，那就是活在当下。

当下，就是我们当前正在做的事情，正在待的地方，正在与之相处的人，正在处理的问题。我们应该将关注的焦点，都投放在眼前，全心全意地去体验、感受、品味这一切。

就拿教育孩子来说，不管过去怎样，孩子已经成长到你眼前的这个样子了，那就抛开他过去的种种不好，专心从当下开始入手，从现在开始培养他的好习惯，从现在开始用正确的理念去引导他。至于说过去，可以把过去的问题当成一个提醒，在现在孩子遇到类似的问题时，提醒他不要犯同样的错误，就足够了。而未来，只要保证当下他能做得好，他能不断努力，还用得着去担心未来会怎样吗？

所以说，很多妈妈其实并没有认清什么才是最重要的，当下才是我们正在过的生活，当下才是我们正在经历的时间，不纠结过去，过好当下，自然能迎来美好的未来，这才是人生一个正常的顺其自然的过程。

不去纠结过去，不去过分妄想未来，就不会产生失落感，也不会因为羡慕而对当下不满，因为当下是你摸得到、感受得到的时间，当下做的事情也是你正在努力奋斗的过程，你体会到的就是这种奋斗感。而也正因为如此，你全部的注意力都放在了这上面，也就能发现很多细节上的小美好了。

有一位妈妈分享了这样的经历：

我下班回家，看到母亲在和女儿一起吃饭。当我仔细一看，才发现母亲和女儿吃的是玉米面粥和咸菜,用馒头抹着炸酱吃,没有菜,祖孙两人吃得倒是香。

然而看到这个场景时,我只感觉到无比的咸。我觉得很不舒服,我担心女儿吃得不健康,担心她养成这样的吃饭习惯,同时内心也在埋怨母亲怎么能这样照顾孩子。

忍不住对后来回家的老公悄悄抱怨,老公却一脸轻松,而且还很轻松地劝我说:"不管吃什么、怎么吃,她也是吃下去了,她也总会长大。老人不会对孩子不好的。"

想想也是,就算再怎么担忧,事情已经发生了,而未来谁也无法控制,我这么担忧操心,只是给自己徒增烦恼,而这些烦恼只会让我对家人心生抱怨与愤怒。所以我倒不如去做我能做的,将焦点转移到当下,我就能感受到放松。

于是,我给吃完饭的女儿找了水果吃。感谢母亲的辛劳,一家和乐,我的担忧也随之一扫而空。

一切就是这么简单,当我们操心过去、操心未来的时候,就会错过当下的美好,也会让自己只顾着纠结而错过可能的补救机会。就像这位妈妈的表现,如果她一直纠结在母亲的做法上,一直担忧孩子没有吃到健康的食物,那么很难想象她的脾气能忍耐得住,若是她吵闹起来,最先难过的是母亲,母亲会觉得自己的工作受到了质疑;之后难过的就是孩子,她会觉得为什么好吃的东西不能吃;最难过的也应该是这位年轻的妈妈自己,她会觉得怎么自己需要操心那么多事,怎么母亲和孩子就是不能按照自己想象的来……

你看,过分纠结带来的后果是如此繁琐,如此令人一见、一想便厌烦,站在旁观的角度来思考一下,我们是不是对活在当下有了新的

第十一章
接纳自己，成为更好的自己

理解了呢？当我们活在当下时，就不会有想要改变他人、操控他人的想法，我们能更多地专注于自己能做的事情，也会更多在意那些积极的、好的方面，生活自然会轻松快乐许多。

家，是你的地盘，你的地盘你做主。把握当下，一切皆有力量，一切皆有可能。戒掉吼叫，你会发现叛逆期的幼儿那么可爱。如果你的一个个当下都把握好了，都轻松应对了，你会发现，你的孩子将不再叛逆！加油！